불안한 부모에서 단단한 부모로

관찰
육아

**불안한 부모에서
단단한 부모로**

관찰
육아

1판 1쇄 펴냄 | 2025년 10월 1일

글　　 | 박은희
발행인 | 김병준 · 고세규
편　 집 | 이지혜 · 박준영
디자인 | 김경민 · 이소연
마케팅 | 김유정 · 신예은 · 최은규
발행처 | 상상아카데미

등록 | 2010. 3. 11. 제313-2010-77호
주소 | 서울시 마포구 독막로6길 11, 우대빌딩 2, 3층
전화 | 02-6953-8343(편집), 02-6925-4188(영업)
팩스 | 02-6925-4182
전자우편 | main@sangsangaca.com
홈페이지 | http://sangsangaca.com

ⓒ 박은희, 2025

- 이 책은 저작권법에 의해 보호를 받는 저작물이므로
  저자와 출판사의 허락 없이 내용의 일부를 인용하거나 발췌하는 것을 금합니다.
- 책값은 뒤표지에 있습니다.
- 잘못된 책은 구입하신 서점에서 교환해 드립니다.

ISBN　979-11-93379-60-8　(03590)

불안한 부모에서 단단한 부모로

관찰 육아

박은희 지음

상상아카데미

일러두기

1. 등장하는 아이들의 이름은 가명으로 하였습니다.
2. 일부 일화는 책에 적합하게 최소한으로 재구성하였습니다.

들어가며

부모라면 누구나 알고 있는 것

작은아이가 형의 방에서 울먹이며 나왔다.

"엄마, 형아 방에 갔는데 형아가 화내면서 나가래요."

처음에는 큰아이를 꾸짖었다. 그런데 작은아이가 계속 형의 잘못을 일러댔다.

"엄마, 형아가 핸드폰 게임을 하고 있어요!"

"엄마, 형아가 숙제 안 하고 자고 있어요!"

점점 작은아이에게 화가 났다.

"넌 왜 자꾸 형아 방에 가는 거야?"

내가 큰 소리를 치자 아이는 입을 꾹 다물었다. 그러다 아차, 했다. 형과 놀고 싶은 아이의 마음을 미처 알아채지 못했다는 것을 깨달았기 때문이다.

교실에도 날마다 서로 으르렁거리는 아이들이 있었다. 아무리 떼어 놓아도 쉬는 시간마다 찾아와 서로를 비난하는 말을 쏟아 냈다.

'어떻게 저리 미움이 쌓일까? 서로 신경 쓰지 않으면 될 텐데….'

속상하고 힘들었다. 그런데 가만 보니 둘은 서로의 곁을 계속 맴돌고 있었다. 대화를 나누지도 않고 다투지도 않으면서 보이지 않는 날을 세워 서로를 응시하고 있었다. 둘 사이의 벽이 꽤 단단하다는 것을 알았다.

"… 너도 힘들지?"

어떤 말로 상담을 시작해야 할지 몰라 아이를 바라보다가 문득 튀어나온 한마디. 아이는 눈물을 주르륵 흘렸다. 친구에게 다가가고 싶은 마음이 미움이 되어 버린 아이. 그 마음을 감당하느라 힘들었을 아이가 안쓰러웠다.

내 아이 때문에, 교실의 아이들 때문에 답답하고 화가 날 때 나도 아이처럼 눈물을 주르륵 흘렸다. 하지만 한 발짝 물러서니 보였다. 아이들 마음도, 내 마음도. 더 가까이 다가가고 싶은 마음이 욕심이 되어 번져 나가고 있다는 사실도 알아차렸다.

알아차리는 순간이야말로 답에 가장 가까워지는 첫걸음이라는 걸 안다. 모두 그 '알아차림'이 어려워 정답을 찾아 헤매는 건지도 모른다.

'어떻게 하면 아이를 잘 키울 수 있을까?'

많은 부모가 정답을 찾아 헤맨다. 이 책은 아이를 잘 키우는 정답을 알려 주는 방법서는 아니다. 내 아이와 내가 가르친 아이들의 마음을 세심히 들여다보며 나도 함께 자란 이야기이다.

따뜻한 차 한 잔을 건네는 마음으로, 먼저 나의 이야기를 조심스레 꺼낸다. 불안에 휩싸여 흔들리는 시선으로 아이를 바라보던 나를 다잡아 준 건 교사로서의 '나'였고, 교실에서 마음이 무너질 때마다 나를 일으켜 세운 건 부모로서의 '나'였다. 두 자아를 오가며 온 마음으로 만난 아이들의 이야기를 나누려 한다. 그 이야기가 당신의 마음에 닿아 집으로 돌아온 아이를 바라보는 당신의 눈빛에 따스한 온기가 더해지길 바란다.

부모가 되는 법을 배우지 않았지만, 부모라면 누구나 이미 알고 있는 것이 있다. 바로 내 아이를 바라보는 법. 이 책을 통해 내 아이의 놀이, 감정, 관계, 학습을 차분히 들여다보며 아이만의 고유한 빛깔을 발견할 수 있는 자리를 함께 만들어 가고 싶다. 불안을 내려놓고 온전히 내 아이를 떠올릴 수 있는 시간을 선물하고 싶다.

(차례)

들어가며 부모라면 누구나 알고 있는 것 _5

1장 불안을 덜어 내면 내 아이가 보인다

그때의 선택이 정말 옳았을까? _15

스스로 하라는 말, 너무 빠르지 않았을까? _21

마음이 흔들릴 때마다 육아 일기를 꺼내며 _29

나도 진상 엄마였을까? _36

부모 성찰 돋보기 _42

2장 놀이 관찰 아이의 강점을 찾아라

놀이는 아이들의 본능 _47

도심에서 벗어난 이유 _54

잠재적 재능을 발견하는 중요한 단서 _61

기질은 놀이로 드러나고, 기다림으로 자란다 _67

스크린 속 아이들을 구하는 법 _73

잘 노는 아이가 공부도 잘한다 _80

관찰돋보기 _85

3장 　[감정 관찰]　**말과 행동을 읽어라**

감정에 이름을 붙이면 마음이 보인다 _91

감정은 닮아 간다 _99

'모르겠어요'라는 말의 이면 _106

아이의 감정에 휘둘리지 않고 공감하기 _111

재능의 씨앗을 움트게 하는 '감정조망형' 칭찬 _117

감정을 이끄는 아이 _124

감정 조절력을 키워 주는 한마디 _130

관찰돋보기 _136

4장 　[관계 관찰]　**갈등에서 시작하라**

오늘은 손절 내일은 단짝 _147

부모는 모르는 내 아이의 사생활 _153

가정에서 배우는 규칙의 힘 _159

관계 안에서 더욱 빛나는 강점 _165

관계 맺음과 공부 정서 _171

관찰 돋보기 _177

5장 학습 관찰 **마음의 불씨를 찾아라**

으쓱함이 공부를 시작하게 한다 _183

공부의 실마리, 독서 성향에서 찾다 _191

학원, 불안과 욕심 사이에서 _199

아이가 꿈을 말할 때 _205

과목의 흥미가 모든 것을 말해 주지 않는다 _212

담임 선생님이 건네 주는 소중한 단서 _220

기여하는 마음이 가장 큰 불씨가 된다 _225

관찰 돋보기 _231

마치며 관찰은 사랑의 다른 이름 _235

참고 자료 _239

1장

불안을 덜어 내면
내 아이가 보인다

아이를 향한 부모의 관찰과
기다림에 마침표란 없다.

그때의 선택이
정말 옳았을까?

작은아이 산이는 책장에 꽂혀 있는 형의 사진첩을 자주 펼쳐 봤다. 그때마다 마음이 콩닥거려 못 본 척했다. 내가 어떤 변명을 해도 일곱 살 아이는 자신에 대한 사랑이 부족하다고 여길 게 뻔했다. 모른 척 고개를 돌렸지만 아이의 질문마저 피해 갈 순 없었다.

"엄마, 형아 앨범은 있는데 왜 내 앨범은 없어요?"

"네 사진도 엄마가 앨범으로 만들려고 컴퓨터 안에 다 정리해 놨어."

"그럼 언제 만들어 줄 거예요?"

"어, 곧 만들어 줄게…"

자신의 사진첩을 갖기 위한 산이의 끈질긴 투쟁은 여덟 살이 되자 사그라들었다. 형에 대한 질투가 사라진 건지 엄마의 언행 불일치에 마음이 돌아선 건지 모르지만, 어느 순간부터 사진첩 이야기를 꺼내지 않았다.

　며칠 전 책장에서 책을 찾다가 산이의 질투 대상이었던 사진첩을 열어 보았다. 십여 년 전의 그때가 떠올랐다. 배 속에 처음으로 자리 잡은 생명체에 대한 펄떡이는 호기심으로 견딘, 지난한 열 달. 그 마침 종이 울린 후 길고 긴 육아의 터널이 시작되었다. 그 터널은 일정한 간격으로 불을 밝히는 전등처럼 어둠과 밝음이 반복되는, 끝이 보이지 않는 길이었다. 설렘과 불안, 용기와 무기력, 기쁨과 우울이 하루에도 몇 번씩 교차하며 지나갔다.

　그런 감정의 소용돌이를 글을 쓰며 풀었다. 사진을 찍고 일기를 써서 SNS에 올렸다. 사진과 글로 다시 만나는 나는 꽤 괜찮은 엄마였다. 밝은 아이의 모습은 밝은 글과 한 쌍을 이루었고, 엄마의 감정도 환한 빛을 내며 살아났다. 그때 나는 SNS에 육아 일기를 올리며 불안과 만족 사이에서 아슬아슬하게 걷고 있었다.

매일 비슷비슷한 일상에서 새로운 글을 올리기 위해 치열하게 아이를 관찰했다. 틈만 나면 비집고 들어오는 불안이 아이에게 눈을 떼지 못하도록 나를 몰아세웠지만, 그 덕에 아이를 자세히 관찰할 수 있었다. 언제 우는지, 언제 잘 먹는지와 같은 기본적인 욕구뿐만 아니라 어떻게 안아 주면 좋아하는지, 어떤 말을 건네면 웃는지, 어떤 장난감을 더 오래 가지고 노는지와 같은 취향도 알 수 있었다. 매일 아이의 새로운 모습을 발견하는 것은 지친 일상에서 소소하면서도 환한 재미였다.

아이가 걷고 말을 하기 시작하면서부터는 내 아이만의 도드라지는 특성을 발견할 수 있었다. 여전히 불안했지만 내 아이를 알고 싶은 욕구는 더 강해졌고, 육아서도 쌓여 갔다. 아동심리학자, 소아정신과 의사, 교육학자가 쓴 전문서뿐만 아니라 생생한 육아 노하우가 담긴 선배 맘들의 책도 사 읽었다. 어떤 친구들은 아무리 책에 나온 대로 키우려 애써 봐야 아이들은 다 제 깜냥대로 큰다며 육아서의 효용을 의심했지만, 난 육아서가 정말 재미있어서 읽었다.

육아서가 모든 답을 준 건 아니었다. 내 아이는 왜 저녁이 되면 우는지, 왜 미끄럼틀을 타지 못하는지, 왜 뒤늦게 말을 더듬는지 알 수 없었다. 하지만 책에서 내가 관찰한 내 아이의 발달 모습과 비슷한 경우를 만나면 묘한 쾌감을 느꼈다. 거창하게 들릴지 모르지만, 그건 아무도 모르는 인간의 신비로운 비밀을 나만 알게 된 것 같은 느낌이었다.

불안을 꾹꾹 누르며 키운 큰아이 강이는 이제 중학생이 되었고, 작은아이 산이는 초등학생이 되었다. 분명 길고 깜깜한 육아 터널이었는데, 돌아보니 타임머신을 타고 날아온 것처럼 시간의 연속성이 느껴지지 않았다. 나만 텅 비어 버린 것 같았다. 남들처럼 대단하게 키우지도 못했으면서 시간과 경력만 허비한 건 아닐까 하는 생각도 들었다.

'육아서에서 본 대로 책 육아도 하고 엄마표 영어도 따라 하며 나름 애썼는데, 애쓴 결과가 이게 맞나? 어설프게 흉내만 낸 건 아닐까?'

'승진하면서 아이들까지 똑 부러지게 잘 키운 친구들도

많은데, 난 육아휴직만 몰아 쓴 것 같아. 정작 내게 남은 건 뭘까?'

인생 2막이 시작된다는 마흔을 넘기고 보니, 그때의 선택이 정말 옳았을까 하는 의문만 남았다. 초등학생이 된 산이에게는 강이에게만큼 열정을 쏟지 못한 아쉬움과 죄책감도 뒤늦게 밀려왔다. 아이에 대한 사랑이 덜한 것도 아닌데 나의 육아 방식이 맞았는지에 대한 의구심과 스스로에 대한 좌절감까지 더해져 모든 게 혼란스러웠다.

마음이 복잡해져 사진첩을 덮었다. 저만치 거실에서 혼자 블록을 맞추고 있는 산이를 보니 온갖 감정이 밀려왔다. 아이에 대한 미안함 뒤에 알 수 없는 불안함과 허탈함, 그동안 내 노고에 대한 안쓰러움까지. 모든 것이 엉킨 채 눈물만 났다.

첫 번째든 두 번째든 아이를 키울 때 고민 없는 선택을 한 적은 단 한 번도 없었다. 아이는 달랐지만 잘 키워보려고 애쓴 마음은 한결같았다. 이유식을 만들어 먹일 때든 사 먹일 때든, 엄마표 영어를 악착같이 할 때든 아니든, 육아 일기로 사진첩을 만들 때든 아니든, 아이에 대한 사랑은 변함이 없었다. 불안 속에서도 사랑은 늘 있었고, 후회스럽고 미안한 마음 곁에서도 아이는 무럭무럭 자랐다.

   부모라면 누구라도 같은 마음이라는 걸 안다. 아이는 변치 않는 엄마의 관찰과 사랑 속에서 자란다.

스스로 하라는 말,
너무 빠르지 않았을까?

일곱 살이 된 강이가 더듬더듬 글자를 읽기 시작할 무렵부터 학습을 시작했다. 좋아하는 만화 캐릭터의 이름을 읽으며 글자 쓰기 연습을 했고, 잠자리에 들기 전에는 한 페이지씩 나누어 읽는 연습을 했다. 학교에서 배우듯이 수막대로 가르기와 모으기를 하며 수 개념도 익혔다. 하루 계획표를 만들어 거실의 잘 보이는 곳에 붙여 두고 매일 해야 할 일을 꾸준히 실천할 수 있도록 격려했다. 보상으로 귀여운 스티커도 붙여 주고, 스티커를 모두 모으면 상품도 주었다. 휴직해서 집에 있는 동안 '선생님-엄마표' 공부로 아이의 공부 습관을 완성하겠다는 의지로 가득 차 있었다.

  강이가 1학년이 되었을 때는 산이를 옆에 재워 두고 학습을 봐 주었다. 강이가 집중력이 부족한 탓에 격려와 보상, 자율과 통제를 적절히 섞어 가며 학습 습관을 잡아 주기 위해 노력했다. 저학년에게 즐거움이 빠진 학습은 지속되지 않는다는 것을 알기에 내적 동기를 잃지 않고 학습할 수 있는 방안을 계속 고민했다. 예를 들어 '똑똑이 미션'과 '멋쟁이 미션'이라는 뽑기 상자 두 개를 만들어 거실에 놓아 두고 아이가 학교에서 돌아오면 미션 뽑기를 하게 했다. '똑똑이 미션' 상자에는 '학습지 한 장 풀기'처럼 학습 과제가 적힌 미션이, '멋쟁이 미션' 상자에는 '식탁에 수저 놓기'와 같은 집안일 미션이 있었는데, 각각 하나씩 뽑아 실천하게 했다. 미션에 성공하면 스티커를 주고, 정해진 양을 모으면 좋아하는 장난감을 사 주었다. '똑똑이 미션'이 정 하기 싫은 날은 '멋쟁이 미션'만 두 번 허용해 주기도 했다. 미션 뽑기가 시들해지면 또 다른 묘안을 짜느라 애썼다. 선생님이더라도 자기 아이를 가르치는 일은 어렵다는 선배들의 말을 실감했다.

내 아이를 가르치는 일은 쉽지 않았다. 하지만 아이를 관찰할 여유가 있었고, 아이도 엄마와 보내는 시간을 좋아했기에 즐거움이 더 컸다. 내 아이를 향한 기대와 욕심만 아니었다면, 한 아이의 성장을 지켜보며 가르치는 일은 의미 있고 보람도 있었다.

코로나19가 한창이던 2020년에서 2021년, 그동안 쌓은 모든 것이 무너졌다. 강이가 3학년에서 4학년으로 넘어가던 해였다. 모든 외부 활동이 제한되고 학교도 전면 온라인 수업으로 전환되었다. 이후 방역 체계가 안정되며 학급과 학생 수에 따라 전면 혹은 격주 등교가 이루어졌지만, 아이의 학교는 등교하는 날이 많지 않았다. 3학년 때 이미 온라인 수업의 무미건조함을 경험한 아이는 4학년이 되자 서서히 학습에 흥미를 잃었다.

그 당시 나는 아이 둘을 엄마에게 맡기고 4년 만에 복직을 했다. 육아휴직의 공백이 컸던지라 직장에서 정신없이 지냈다. 그러던 중 학원을 다니지 않는 강이의 학습 상태가 불안해지기 시작했다. 여러 가지 과제를 내주고 출근했지만 집에 돌아오면 백지상태인 경우가 많았다. 그동안 '선생님-엄마표' 공부로 아이의 공부 습관을 길러 주었다고 철석같이 믿었는데 결과는 처참했다.

"이제는 네가 알아서 해야지!"

"공부는 누가 대신해 줄 수 없단 말이야!"

"숙제를 내주면 적어도 그건 해야지!"

강이는 매일 반복되는 엄마의 잔소리를 피할 궁리만 했다. 마침 자기주장이 강해지고 자아가 성장하는 시기라서 그런지 엄마의 잔소리에 대적할 잔머리만 더 발달한 것 같았다. 화장대에 넣어 둔 구식 스마트폰을 몰래 충전해 게임을 하고 숨겨 두거나, 저금통을 털어 포켓몬 카드를 사는 데 탕진하는 일까지 벌였다. 화가 머리끝까지 치솟아 언성을 높이는 날들이 잦았고, 아이와의 벽은 점점 높아졌다. 아이와 할머니의 관계도 나빠지기 시작했다.

'도대체 어디서부터 잘못된 걸까? 어릴 때부터 손에서 책을 놓지 않던 아이였는데. 학습 습관도 잘 잡아 주려고 노력했는데, 왜 안 되는 걸까? 이제 초등학생이니 알아서 해야 하는 거 아닐까?'

나의 고민은 꼬리에 꼬리를 물고 이어졌다.

늘 공부의 최종 목표는 '자기주도적학습'이라 생각했다. 입학하기 전부터 조금씩 학습 습관을 길러 두면 초등학교에 가서 스스로 할 거라 믿었다. 누구에게나 쉽게 말했고, 내 아이도 당연히 그럴 거라고 여겼다.

'그래도 엄마가 선생님인데….'

고학년 교실에서도 겨우 한두 명의 아이가 스스로 공부한다는 사실을 알면서도 오만한 생각을 한 건지도 모른다. 결국, 아이를 실컷 탓하고 나서야 내 그릇된 욕심을 직면했다.

아이의 학습에만 열중하던 욕심을 내려놓으니 그제야 대학 시절 달달 외우던 교육심리 이론과 자기 주도성의 관계가 떠올랐다. 시험을 위해 외운 이론이었지만 내 아이의 상황에 비추어 보니 이제는 현실 육아의 팁으로 다가왔다.

자기 주도성은 쉽게 생기는 것이 아니다. 짧은 기간에 완성될 수도 없다. 에릭슨Erikson의 '심리사회적 발달 이론'에 따르면 주도성은 3~6세에 생긴다고 한다. 하지만 이는 주도성의 씨앗을 틔우는 단계에 불과하다. 자기 삶에 책임을 지고 모든 행동을 자기 의지대로 결정하는 진정한 자기 주도성은 성장하는 과정에서 점진적으로 자란다. 그러니 이제 막 발달의 첫걸음을 떼기 시작한 아이들에게 자기 주도성을 기대하고, 학습에서까지 발휘하길 바라는 것은 욕심일 수밖에 없다.

또한 자기 주도성은 어느 한 시점에 갑자기 생기는 것이 아니다. 주도성의 기초가 되는 신뢰감(출생~1세)과 자율성(1~3세)이 단단히 다져져야 자랄 수 있다. 양육자와의 애착에서 비롯되는 신뢰감과 놀이를 통해 길러지는 자율성이 탄탄하게 쌓여야 한다. 연령이 높아진다고 해서 그 단계의 능력이 자연스럽게 완성되는 것은 아니다.

"친구랑 놀고 싶은데 놀이터에는 친구가 없어요."
"엄마, 난 혼자 공부하는 게 싫어요. 같이 하는 게 재미있어요."
"아무리 해도 생각이 안 나요. 혼자서는 잘 안 돼요."
당시 4학년이던 강이는 자율성과 주도성이라는 구조물을 다지는 중이었다. 그러나 상황은 좋지 않았다. 자율성과 주도성을 다지는 데 중요한 '놀이'를 할 수 없었고, 이제 막 근면성(6~11세)을 키우며 자기효능감을 높여야 하는 시점에서 앞선 구조물이 흔들리고 있었다. 더욱이 근면성 발달에 중요한, 다양한 경험과 배움의 기회마저 부족했다. 그러니 어찌 보면 아이는 성장하는 동안 자연스레 쌓아야 할 심리사회적 발달 과정에서 부족한 부분을 내게 드러내고 있었는지 모른다. 자기를 좀 봐달라고 호소하고 있었던 건지도 모른다. 하지만 나는 그 결핍을 세심하게 관찰하지 못했다.

아이의 성향과 상황은 고려하지 않은 채 아이가 스스로 잘하길 바랐다. 함께 교감하며 공부하는 걸 좋아하고, 호기심을 채우는 경험을 통해 더 큰 내적 동기를 찾는 아이라는 사실도 잊고 있었다. 할머니가 밥만 챙겨주면 아이는 온라인 수업을 듣고, 집에서 좋아하는 책을 읽거나 놀면서 스스로 제 할 일을 할 거라고 생각했다. 그렇게 주도성이 길러지고, 공부도 알아서 잘할 거라고 여겼다.

하지만 내 생각은 틀렸다. 자기 주도성은 단기간에

이루는 하나의 목표물이 아니다. 발달단계에 맞게 차근차근 쌓아야 하는 여러 역량을 포함한다. 친구와 놀며 자율성을 기르고, 그 과정에서 생기는 감정을 인식하며 자기조절능력과 공감 능력을 함께 쌓아야 한다. 나아가 무언가를 해낸 성취감과 자기 신뢰감을 바탕으로 작은 일에도 스스로 책임지는 연습이 이루어질 때, 진정한 자기주도적학습도 가능해진다.

이제 초등학생이니 알아서 공부할 거라는 생각은 내 욕심에서 비롯된 착각이었다. 자기주도적학습은 완성되는 마침표가 아니라 평생에 걸쳐 지속되는 과정이다. 아이를 향한 부모의 관찰과 기다림에 마침표란 없다.

마음이 흔들릴 때마다
육아 일기를 꺼내며

6년간의 휴직은 온전히 내 선택이었다. 두 아이가 자라는 모습을 곁에서 지켜보고 싶었다. 물론 일을 하면서도 아이를 사랑으로 돌볼 수 있지만 나는 욕심이 있었다. 한 인간의 성장 과정을 가까이에서 보고 싶었다. 당시에는 이런 열망을 깨닫지 못했다. 단지 아이에 대한 애정과 호기심이 직접 아이를 키우고 싶게 만든 내적 동기의 전부였다.

아이를 키우는 일은 도전과 고됨의 연속이었지만 동시에 크고 작은 감탄을 안겨 주기도 했다. 지금 생각하면 자연스러운 발달 과정에 지나지 않는 사소한 변화조차도 초보 엄마였던 내게는 대단하고 흥미로운 사건이었다. 아이가 점진적으로 이루어 내는 발달 과업들을 지켜보면서 나는 인간의 경이로움에 대해 생각하곤 했다.

나만의 호기심과 깨달음으로 가득한 관찰 기록은 아이를 이해하는 데 지금도 큰 힘이 되고 있다. 어린 강이를 관찰하며 쓴 육아 일기를 다시 꺼내 읽으면 현재의 강이를 이해하는 데 힌트를 얻기도 하고, 내 육아 철학을 다잡게 되기도 한다.

제목: 중심 잡기(만 37개월)　　　　2015년 1월 8일

만 37개월인 아이는 요즘 더 격렬하게 역할 놀이를 좋아한다. 무엇이든 '○○놀이'라는 단어만 붙이면 놀이가 된다. 간단한 도구와 상상력만 있으면 충분하다. 스스로 정해 놓은 레퍼토리가 있어서 "○○놀이 하자!"라고 하면 그 놀이를 바로 시작할 수 있다. 가장 흔히 하는 놀이 중에 '엄마놀이'와 '아기놀이'가 있다. 이 둘은 비슷해 보이지만 다르다. 놀이의 주인공이 서로 다르기 때문에 조금 다른 방식으로 진행된다. 그 외 '싸움놀이'는 서로 다투다가 화해하며 포옹

으로 마무리하는 놀이이고, '도와주기놀이'는 바다에 빠진 친구를 구해 준 다음 이불을 덮어 주고 꿀차를 끓여 주는 놀이이다. '외할머니놀이'는 외할머니처럼 누워서 운동하는 놀이이다.

내 아이는 집에서 엄마와 이런저런 놀이를 하는 것을 좋아한다. 다른 아이들처럼 밖에 나가 뛰놀며 다치기도 해야 건강해지고 씩씩해질 것 같은데 자꾸 집에서 놀자고 한다. 다른 집 아이들은 방학마다 체험 활동을 다닌다. 어떤 지인의 SNS에는 두 아이를 데리고 유럽 여행을 떠난다는 소식까지 올라왔다. 차를 사면 아이를 데리고 어디든 다닐 계획이었는데, 나의 새 차는 늘 주차장에 있고 우리는 집에서 논다. 한때는 아이의 성향 때문이라고 생각했지만, 곰곰이 생각해 보니 내 성향 탓이다. 내 마음도 늘 나가고 싶지 않은 쪽으로 기운다. 아이가 나가자고 조르면 어쩔 수 없이 나갈지도 모르지만, 나 역시 집에서 아이와 비비며 노는 것이 편안하고 좋다. 밖에 나가지 않으면 불안도 줄어들고 걱정할 일도 덜 생기니 말이다. 내가 이래서 아이가 이렇게 된 것인지, 아니면 원래 그런 아이의 성향을 내가 더 강화시키고 있는 것인지 모르겠다.

육아서에서는 아이의 기질을 받아들이라고, 엄마의 욕구도 중요하다고 한다. 서로의 욕구를 따라 집에서 편히 놀면 되는데도 마음이 편치 않다. 남들은 아이에게 하나라도 더 경험하게 하려고 애쓰는데, 나만 집에서 시간을 보내는 것 같아 스스로 못마땅하다. 그러면서도 아이와 지지고 볶으며 보내는 시간이 싫지 않다. 그동안 엄마와 떨어져 어린이집에 적응한다고 고생한 아이의 마음을 실컷 달래 주고 싶은 마음도 크다.

요즘 들어 무엇이 진짜 내 아이를 위한 일인지 헷갈린다. '중심 잡기'가 필요하다. 결국, 아이는 내 가치관대로 자랄 것이다. A집 아이는 A엄마의 가치관대로, B집 아이는 B엄마의 가치관대로 자랄 것이다. 하지만 C집 아이가 A+B+C… 모든 엄마의 가치관대로 자라는 건 분명 안 될 일이다. 무엇이 옳고 그른지를 따지기에 앞서 내 아이는 뭐가 다른지, 내 아이에게는 어떤 자극과 요령이 필요한지, 내 아이를 위한 최선이 무엇인지, 나만의 가치관을 세우고 중심을 잡아야 한다. 지혜롭고 현명한 엄마가 되고 싶다. 올해도 최선을 다할 것이다.

육아 일기에는 아이의 성장 과정을 세심하게 관찰하며 느낀 생각과 고민이 담겨 있다. 남들과 비슷한 발달 과업을 이루어 가던 시기에도 내 아이만의 고유성은 있었다. 자기 의사를 표현하기 시작하면서부터 아이의 기질과 같은 고유성은 도드라졌고, 육아서에는 나오지 않는 상황도 만났다. 누구에게나 들어 본 상황에 대한 해결책이 내 아이에게는 통하지 않을 때도 있었다.

마음이 흔들릴 때마다 나는 밖에서 답을 찾기보다 내 아이를 더 깊이 들여다보며 답을 구했다. 남들과 비교하기보다 내 아이의 고유한 특성을 바라보고 이해하려 애썼다. 내 아이를 기우는 데 가장 중요한 답은 나와 내 아이가 쥐고 있다는 믿음 때문이었다.

육아 일기 속에 있던 내 아이는 이제 영유아기를 훌쩍 벗어났지만, 그때의 고민을 지금의 육아에 대입해도 변함이 없다. 아이에 대한 사랑은 한결같고 나의 육아관은 변하지 않았다. 오히려 흔들리지 않는 마음으로 내 아이를 믿고 중심을 잡아야 한다는 다짐은 점점 더 복잡해지는 교육 환경 속에서 나를 지켜 주는 원동력이 된다.

아이를 믿기 위해서는 내 아이를 관찰해야 한다. 여기서 관찰은 바라보는 것만을 뜻하지 않는다. 보는 것을 넘어 아이의 말을 듣는 것, 아이 주변에서 일어나는 일에 촉각을 세우는 것, 심지어 부모만이 지닌 육감 같은 직관력까지 포함한다. 다시 말해 부모가 모든 감각을 동원하여 바라보는 것이 관찰이다. 부모가 내 아이를 향해 안테나를 세우고 마음을 다해 살피면 아이의 마음도 부모와 더 가까워지고 아이의 재능은 세상 밖으로 더 뻗어 나갈 것이다.

올봄, 벚꽃이 흐드러지게 핀 길을 걷다 클로버 동산을 만났다. 네 잎 클로버를 찾던 나는 세 잎 클로버 위에 벚꽃잎이 살포시 내려앉은 모습을 발견했다. 저절로 미소가 지어졌다.

세 잎 클로버의 꽃말은 행복, 네 잎 클로버의 꽃말은 행운이다. 부모의 변함없는 사랑으로 가득한 일상이 행복이라면, 그 행복 위에 얹어진 따뜻한 관찰이야말로 내 아이를 특별하게 만드는 행운의 열쇠가 아닐까?

나도
진상 엄마였을까?

~~~~~

 잠잠할 만하면 학교 폭력 뉴스가 나온다. 교사로서 다양한 사건을 경험해 왔지만, 뉴스에 나오는 이야기들은 마치 다른 세상의 일처럼 느껴진다. 실제 현장에서 마주한 사건들과 달리 보도되는 내용은 하나같이 무시무시하다. 그러다 보니 교사인 나조차도 불안감이 커진다. 그런 날이면 괜히 아이 얼굴을 한 번 더 들여다본다.

 그날도 그랬다. 저녁 식사를 준비하다가 소파에 앉아 있는 강이를 바라보는데 눈이 마주쳤다.

 "엄마, 왜요?"

 "응? 아니."

그런데 문득 이상한 점이 눈에 들어왔다.

"오늘 체육복 입고 가지 않았어? 바지는 왜 이거야?"

"바지? 그거 친구 빌려줬어요."

"체육복 바지를 친구한테 빌려줬다고? 그럼 너는?"

"다른 바지 가져갔었어요."

입고 온 바지는 분명 강이 옷이었다. 강이 말대로라면 갈아입을 바지를 미리 챙겨 간 것이니 걱정할 일은 아니었다. 그런데 뭔가 찜찜했다. 아이 말투에서 느껴지는 어딘지 모를 머뭇거림 때문이었을까.

'혹시 친구한테 뺏긴 건 아니겠지? 중학교에서는 그런 일도 있다던데.'

강이가 중학교에 입학한 후 내내 긴장을 늦추지 않고 살펴왔다. 아이가 학교 이야기를 조금만 해도 안도했고, "학교 재밌어요."라는 말에 겨우 마음을 놓은 참이었다.

그런데 하필 그날 학교 폭력 뉴스를 보고 체육복 바지의 행방에 대한 쓸데없는 상상을 한 것이다.

"엄마, 친구한테 빌려준 거 맞아요. 내일 받아 올게요."

엄마를 안심시키려는 듯한 아이의 말에 더 묻고 싶은 마음을 꾹 참았다. 사실 더 캐묻는다고 달라질 건 없었다.

'그래, 내일 받아 오겠지.'

불안을 멈춰야 했다. 아이를 키우면서 불안이 도움이 된 적은 단 한 번도 없었다. 불안은 언제나 나를 조바심 나게 하고 쓸데없는 상상을 불러일으키며 판단력을 흐리게 했다. 때로는 진상 엄마처럼 보이게 했다.

강이가 초등학교 1학년이었을 때도 그랬다. 아이는 학교생활을 즐거워했고 매일 친구와 새로운 놀이를 했다고 재잘거렸다. 그러던 어느 날 울먹이며 말했다.

"친구가 자꾸 하기 싫은 걸 시켜요."

함께 놀던 친구가 점점 주도권을 쥐고, 강이는 따라만 하는 상황이 된 모양이었다. 가령 '한 발 들고 교실을 건너가 보기, 머리에 손을 얹고 복도 끝까지 가기' 같은 놀이를 자신에게만 시킨다고 했다.

나는 아이의 이야기를 듣고 밤잠을 설쳤다.

'혹시 우리 아이가 조종당하고 있는 건 아닐까? 다른 아이들도 강이를 무시하는 건 아닐까? 이러다 끌려만 다니는 아이가 되는 건 아닐까?'

불안한 상상은 꼬리에 꼬리를 물고 이어졌다. 결국,

나는 담임 선생님께 전화를 걸었다.

"친구와 놀이를 하면서 있을 수 있는 일이지만, 강이 마음이 많이 상했군요. 내일 두 아이와 함께 이야기해 볼게요."

선생님의 말씀을 듣고 그제야 겨우 마음을 내려놓았다. 그 후로도 나는 이런저런 일로 학교와 학원에 연락했다. 방과 후 수업에서 아이가 울고 왔다고, 학원에서 받은 칭찬 스티커를 친구가 가져갔다고, 친구가 신발을 숨겼다고 선생님에게 전화를 걸었다. 아이가 자라면서 한 번쯤 겪을 법한 자연스러운 일들이었다. 그때는 왜 그 모든 일이 내 아이에게만 일어나는 것처럼 느껴졌을까? 나는 그저 영락없는 '1학년 (수준의) 학부모'였다.

다행히 아이가 자라면서 엄마인 나도 함께 자랐다. 내 모습을 한 발짝 떨어져 바라보는 힘이 생겼다. 그건 현재 내 마음이 불안에서 비롯된 건 아닌지, 내 선택이 진정 내 아이의 성장을 위한 것인지 분별하는 힘과 같았다.

그 힘은 교사 경력이 쌓이면서 학부모들을 포용하는 힘으로 조금씩 옮겨 갔다. 덕분에 학부모 상담을 할 때도 불안한 부모의 심정을 헤아릴 수 있는 여유가 생겼다.

'나도 그랬지.'

'이 부모님도 지금 얼마나 불안하실까?'

'무슨 말을 건네야 조금이라도 마음이 놓이실까?'

그런 여유는 끊임없이 나 자신을 돌아본 덕분에 생겼다. 그동안 내가 작은 마음의 그릇 안에 아이를 가두고 있었음을, 그릇의 크기만큼만 아이가 성장할 수 있음을 깨달으면서 나 역시 성장했다.

20여 년 교직 생활 동안 수많은 학부모를 만났다. 뜻밖에 연락을 해 오는 부모들의 말 뒤에는 예외 없이 불안이 자리하고 있었다. 아이가 처한 상황의 맥락을 놓치고 아이가 느낀 부정적인 감정에만 초점을 맞추다 보니 불안은 눈덩이처럼 커지고 문제는 부풀려지며 본질은 흐려졌다.

이해도 가고 공감도 된다. 하지만 내 경험이 알려 주듯 불안이 덮어 버린 해결책은 아이에게 결코 도움이 되지 않는다. 부모의 불안은 아이에게 고스란히 전해진다. 아이는 문제를 해결하기보다 부모의 감정에 집중하고, 친구와의 관계를 부정적으로 인식하며, 스스로 해결할 힘을 기르지 못한다.

나 역시 그런 부모였다. 이제는 아니라고 자신하지만, 혹시라도 여전히 알아채지 못하는 방식으로 아이를 불안 속에 가두고 있는 건 아닌지 오늘도 틈틈이 내 마음을 돌아본다. 불안이 아닌 믿음으로 아이를 지켜보기 위해.

부모 성찰 돋보기

 # 불안 알아차리기와 돌아보기

1. 다음 항목들에 답하면서 평소 내가 불안감을 느낄 때의 모습을 점검해 보세요.

○ 아이를 키우며 자주 불안한 감정을 느끼나요? 주로 어떤 상황에서 그런 감정이 올라오고, 그 이유는 무엇이라고 생각하나요?

○ 불안감을 느낄 때, 아이 앞에서 나도 모르게 반복하는 말이나 행동이 있나요? 어떤 말과 행동을 반복하나요?

○ 불안감을 느낄 때, 아이를 유심히 관찰해 본 적이 있나요? 아이는 어떤 말이나 표정, 행동으로 반응하나요?

○ 내가 느끼는 불안이 아이에게 전해질까요? 어떤 감정적 어려움이나 불편함으로 다가갈까요?

○ 내가 느끼는 불안이 아이의 성장에 영향을 주었을까요? 아이의 성장에 도움이 된 점과 방해가 된 점은 무엇일까요?

2. 다음 항목들에 답하면서 평소 내 아이를 얼마나 관찰했는지 점검해 보세요.

○ 평소 아이와 자주 나누는 대화의 주제는 무엇인가요? 내가 자주 이야기하는 주제와 아이가 자주 이야기하는 주제를 각각 떠올려 보세요.

○ 내 아이가 가장 듣고 싶어하는 말은 무엇이라고 생각하나요?

○ 아이가 가장 좋아하는 과목과 가장 싫어하는 과목은 무엇인가요?

○ 아이가 스스로 '나는 이건 잘해'라고 느끼는 것이 무엇인지 알고 있나요?

○ 내 아이의 성품 중에서 내가 가장 자랑스럽게 여기는 미덕은 무엇인가요?

○ 내 아이의 학교생활을 떠올리면 어떤 장면이나 이미지가 가장 먼저 떠오르나요?

2장

놀이 관찰

아이의 강점을 찾아라

놀이가 아이의 미래를 결정짓는
중요한 성장 과정임을 기억해야 한다.

놀이는
아이들의 본능

 아이들이 사용하는 말 중에 '놀이'만큼 다양한 뜻을 품은 단어가 또 있을까? 이는 놀이가 아이들에게 얼마나 자유롭고 풍부한 세계인지를 보여 주는 증거이다.

 우리 집에도 한창 '놀이'를 좋아하는 초등학교 1학년 아들이 있다. 저녁 식사를 마치면 아이는 엄마의 설거지가 끝나길 기다렸다가 잽싸게 끼어든다.

 "엄마, 이제 우리 같이 놀자요."

 나는 숨을 크게 들이쉬고 대답한다.

 "그래, 뭐 하고 놀까?"

 "몰라요."

"놀자면서 뭐 하고 놀지는 모르는 거야?"

"아니, 그냥 놀다 보면 생각이 날 거예요."

앞뒤가 맞지 않는 듯하면서도 묘하게 설득력 있는 아이의 대답에 나도 모르게 고개를 끄덕인다.

"그렇구나. 그럼 일단 놀아 보자."

나는 아이 앞에 앉아 함께 블록을 조립한다. 블록으로 싸움 놀이를 하고, 싸움에 필요한 무기를 만들기 위해 색종이로 표창을 접는다. 표창으로 다시 멀리 날리기를 한다. 한참을 신나게 놀고 나면 아이는 미소를 띠며 말한다.

"엄마, 이제 엄마 할 일 해도 돼요. 저도 오늘 공부할 거 할게요."

그러고는 스스로 수학 문제집을 꺼내 한 장을 푼다.

아이의 놀이 세계를 드나들 때마다 드는 생각은 하나이다. 아이들에게 놀이는 마치 밥과 같은 것이구나! 아이들은 밥을 먹으며 자라듯 놀이를 통해 자란다. 놀이는 단순한 여가가 아니다. 밥처럼 반드시 챙겨야 하는 본능적인 욕구이다. 그리고 밥을 먹고 배가 부르면 저절로 숟가락을 놓듯이 놀이의 욕구가 채워지면 저절로 다른 할 일을 찾아 나선다.

놀이가 아이들의 본능이라는 생각은 사전적 정의에서도 뒷받침된다. 본능이란 '어떤 생물체가 태어난 후 경험이나 교육에 의지하지 않고 선천적으로 가지고 있는 억누를 수 없는 감정이나 충동'을 뜻한다. 선천적으로 억누를 수 없는 욕구라는 점에서 놀이는 본능과 맞닿아 있다.

우리의 어린 시절을 떠올리면 이와 같은 의미를 더 잘 이해할 수 있다. 초등학교 방과 후에 어떻게 하면 조금이라도 더 놀 수 있을까 고민하던 기억이 있지 않은가. 엄마가 해지기 전에 들어오라고 당부해도 놀이터에 남아 놀다가 가로등이 켜지면 그제야 가방을 낚아채 집으로 달려가지 않았던가. 한때 아이였던 우리도 배고픈 줄 모르고 매일 그렇게 놀며 자랐다. 배고픔도 엄마의 잔소리도 물리칠 만큼 강력한 본능이 지금의 우리를 키웠다.

놀이가 아이들에게 본능적 욕구에 따른 '밥'과 같다

고 볼 때, 그 본질은 무정형성無定型性에 있다. 밥이 끼니를 뜻하며 배고픔을 채우기 위한 수단으로 통용되는 것처럼 놀이 역시 호기심과 만족감을 채우기 위해 충족되어야 하는 정서적 행위를 통칭한다.

다시 우리들의 놀이를 떠올려 보자. 어린 시절 우리에게는 이름 붙이기 나름인 놀이가 무수히 존재했다. 인형놀이, 골목놀이, 왕놀이, 가게놀이, 유령놀이…. 일상에서 흔히 쓰이는 단어에 놀이를 붙이기만 하면 새로운 세계가 만들어졌다. 그 놀이는 도구나 장소의 제약 없이 자유자재로 변형이 가능했다. 선생님놀이를 하다가 엄마놀이로 바뀌고, 병원놀이에서 다시 약국놀이로 바뀌었다. 매일 하던 놀이도 날마다 새롭게 변했다. 놀이의 본질이자 강점은 이와 같은 무정형성에 있다. 무정형성은 예측할 수 없는 것에서 비롯된다. 그리고 아이들은 본래 예측할 수 없는 것을 좋아한다. 호기심이 많기 때문이다. 놀이도 아이들의 호기심에 따라 이리저리 흘러가며 새로운 재미를 만들어 낸다.

나는 어릴 적 친구들과 유령놀이를 즐겼다. 유령이 사람을 잡으러 다니는 단순한 놀이였지만, 친구들이 새로운 규칙을 추가하면 놀이는 더 흥미로워졌다. 예를 들어, 누군가 "유령은 매달려 있는 사람은 못 잡는 거 어때?"라고 제안하면 놀이는 새로운 국면으로 접어들어 다시 시작되곤 했다.

물론 모든 놀이가 늘 순조롭지는 않았다. 누군가는 새로운 규칙에 반대하기도 하고, 타협이 안 돼 싸움이 나기도 했다. 그럴 때면 가위바위보를 하거나 손을 들어 투표하며 합의를 봤다. 간혹 삐진 친구가 집으로 가기도 했지만, 다음 날이 되면 새로운 기대감으로 다시 모여 어제의 놀이를 이어 갔다.

이처럼 아이들은 놀이를 통해 많은 것을 배운다. 경쟁하고 다투는 과정에서 설득과 타협의 기술을 익히고, 실패와 성취의 경험을 반복하며 회복탄력성을 기른다. 놀이는 아이들에게 실패해도 다시 시도할 용기를 심어 주고, 그 용기는 자신감을 만든다. 이 자신감은 쌓여서 자기효능감이 된다.

요즘 아이들은 충분히 놀 시간이 없다. 학습이 놀이처럼 포장되어 그 자리를 차지했기 때문이다. 주말이면 아이들은 "엄마, 아빠. 놀자!"를 외친다. 서둘러 체험학습 장소를 검색해 뿌듯한 마음으로 다녀오면 아이들은 다시 "놀자!"를 외친다. "방금 체험관도 다녀오고 하루 종일 놀았잖아?"라고 대꾸하면 아이들은 입을 삐죽이며 말한다. "그건 논 게 아니지." 결국 야구 방망이와 축구공을 자전거에 싣고 공터로 나간다. 실컷 놀고 난 아이는 그제야 "아, 잘 놀았다."라고 만족스럽게 웃는다.

이처럼 부모와 아이가 생각하는 놀이는 다르다. EBS 제작팀의 『놀이의 반란』이라는 책에서도 시사했듯이 '아무런 목적 없이, 무언가를 가르치려 하지 않을 때, 아이 스스로 이끌어 나갈 때, 그래서 그것을 통해 즐거움을 얻을 때'만이 진정한 놀이가 된다.

5학년 사회 수업 시간에 인권을 공부하며 유엔아동권리협약*을 가르친 적이 있다. 아이들은 31조 '놀 권리'에 크게 동그라미를 그리며 환호했다. 현실에서 아이들

---

* 유엔아동권리협약 31조: 당사국은 휴식과 여가를 즐기고, 자신의 나이에 맞는 놀이와 오락 활동에 참여하며, 문화생활과 예술 활동에 자유롭게 참여할 수 있는 아동의 권리를 인정한다.

은 이 권리를 충분히 보장받지 못한다. 놀이는 학습의 반대말처럼 여겨지고, 하찮거나 비난받는 행위로 생각되곤 한다. 참으로 안타까운 일이 아닐 수 없다.

놀이는 아이들의 본능적인 욕구이다. 아이들은 놀이를 통해 호기심과 상상력을 키우고, 공동체에서 살아가는 법을 자연스럽게 익힌다. 놀이가 충분히 보장될 때 아이들은 삶에 대한 의욕을 얻고, 스스로 성장할 힘을 기른다. 놀이를 실컷 떠먹어 본 아이가 더 크게 자란다.

도심에서
벗어난 이유

~~~~~

산이는 어려서부터 곤충도감을 즐겨 읽었다. 그날도 세밀화로 그려진 곤충도감을 꺼내 읽으며 나에게 퀴즈를 냈다.

"엄마, 이 곤충 이름을 맞혀 보세요."

"많이 본 것 같은데, 장구애비인가? 에이, 잘 모르겠다. 엄마 눈엔 다 비슷한 것 같아."

"아니에요. 이건 앞다리도 다르고 몸통도 더 얇잖아요. 얘 이름은 게아재비예요."

나는 속으로 생각했다.

'음, 형과 다르게 곤충에 관심이 많구나. 곤충을 실제

로 관찰할 기회를 많이 만들어 줘야겠어.'

책에서 본 곤충을 실제로 보고 들뜬 마음으로 아는 것을 뽐낼 아이의 모습이 머릿속에 그려졌다. 아이의 즐거움이 벌써 내 것이 되는 것만 같아 기뻤다.

하지만 어디서 그런 체험을 할 수 있을지 막막했다. 도시에서 나고 자라 흔한 꽃이나 곤충 이름도 잘 모르는 나로서는, 어디로 가야 아이가 자연을 마음껏 누릴 수 있는지 알 수 없었다.

인터넷에 '생태 체험'이라는 단어를 검색하니 다행히 가까운 지역에서 주말마다 아이들을 위한 생태 체험 수업을 운영하는 곳이 있었다. 새 심장 소리 듣기, 수서 곤충 관찰하기, 작은 동물 관찰하기 등의 활동이 포함된 프로그램이었다. 마음에 쏙 들어 바로 예약했다.

좁은 길을 따라 찾아간 곳은 논밭이 넓게 펼쳐진 외딴곳이었다. 두 아이는 소박한 외형의 건물에 들어서자마자 나무를 깎아 만든 전통놀이 도구를 가지고 놀기 시작했다. 청진기로 앵무새의 심장 소리를 듣고 깃털도 만져 보았다. 바깥으로 나가 닭이 갓 낳은 알을 꺼내 보고 토끼에게 풀도 먹였다. 평소에는 할 수 없는 새로운 체험이었다.

우리는 옆 건물로 들어가 장수풍뎅이도 보고 물에 사는 곤충도 관찰했다. 아이가 곤충을 관찰할 때 난 아이의 표정을 살피고 있었다.

'지금쯤 곤충도감에서 본 곤충들을 떠올리며 배경지식을 끌어당기고 있겠지?'

그때 장난기 많은 강이가 산이의 손을 소금쟁이가 있는 고무 물통에 넣으려고 했다. 산이는 겁에 질려 소리를 지르고는 건물 밖으로 뛰쳐나갔다.

'곤충도감을 좋아하면서 왜 이렇게 겁내는 걸까?'

의아했지만 아이의 자연스러운 감정을 꾸짖을 순 없었다.

그러고 보니 산이가 개미, 거미, 잠자리, 매미 등 주변에서 만나는 곤충 앞에 호기심을 가지고 멈추어 선 기억이 없었다. 산이에게 곤충도감을 즐겨 보는 것과 실제 곤충을 좋아하는 것은 별개였던 것이다.

산이는 곤충도감뿐 아니라 식물도감, 버섯도감, 나무도감 등 사전류를 좋아했다. 이미지를 관찰하고 특징을 빠르게 파악해 다른 것들과 비교하고 구분하는 데 능했다. 기억력도 좋았다. 이것이 산이의 흥미이자 강점이었다.

반면 책을 통해 정보를 습득하고 관심사를 넓히는 것은 좋아하면서도 실제로 경험하는 것은 두려워했다. 정답이 명확한 책을 좋아하는 것처럼 놀이에서도 규칙과 정답이 정해진 활동만 즐겼다. 정해진 틀 안에서 안정감을 느끼고, 자기 기준에 맞아야 만족하는 성향은 자랄수록 더 강해졌다. 점차 새로운 활동이나 도전도 꺼렸다. "이거 한번 해 볼까? 여기 한번 가 볼까?"라는 제안이 통하지 않았다. 이대로는 배움과 성장에 꼭 필요한 유연성과 창의성을 키우기 어려울 것 같았다.

'산이의 강점을 살리면서도 약점을 보완하는 경험을 하고 배우려면 어떻게 해야 할까?'

고민 끝에 도심에서 벗어나 아이를 작은 초등학교에 보내기로 결정했다. 넓은 운동장을 가진 자연 친화적인 경험 중심의 학교였다. 나는 산이가 자연이 주는 너그러움과 포용력을 배우며 지기민의 틀에서 벗어나 다양한 경험을 쌓기를 바랐다.

산이는 새로운 경험에 점점 마음을 열었다. 학교 운동장에서 개구리를 관찰한 이야기, 손으로 여치를 잡은 이야기를 집에 와서 들려주었다. 생태 체험 농장에서 처음으로 만져 본 소금쟁이의 기억은 이미 사라졌지만, 친구들과 놀며 스스로 관찰한 곤충의 이름과 생김새는 생생히 기억하고 있었다. 학교에서 본 식물들을 집에 와서 그리기도 했다. 관찰력이 뛰어나 나뭇잎의 모양이나 꽃의 생김새도 금방 기억해 냈다.

나무에서 떨어진 밤송이를 발로 까고, 긴 장대를 기우뚱대며 감을 따고, 삽으로 흙구덩이를 파며 노는 등 자연에서의 다양한 경험은 놀이가 되고 새로운 도전이 되었다. 이러한 놀이는 산이의 약점은 약하게, 강점은 더욱 강하게 만들어 주었다. 산이는 서서히 자신이 만든 틀에서 벗어나 새로운 시도를 받아들이고 진심으로 놀이를 즐겼다. 이 과정을 지켜보며 나는 자연에서의 놀이 경험이 단순한 즐거움에 그치지 않고, 내 아이의 성장에 단단한 뿌리가 된다는 것을 실감했다.

'경험'이 아이의 배움과 성장을 이끄는 핵심적인 역할을 한다는 점은 미국의 교육학자 존 듀이John Dewey의 철학에서도 잘 드러난다. 존 듀이는 경험이 서로 연결되고 성장의 기반이 된다는 '경험의 계속성 원리'를 강조했다. 그는 개인의 삶 속에서 마주치는 경험이 단순히 우연적이고 수동적으로 시작될지라도, 사고와 반성을 통해 능동적이고 의미 있는 배움(내적 경험)으로 발전한다고 설명했다. 다시 말해 아이들은 계획되지 않은 '우연적 놀이 경험'을 통해 자신이 무엇에 흥미를 느끼고, 어떤 강점을 발휘할 수 있는지를 자연스럽게 깨닫는다. 이러한 경험은 이전 경험과 점진적으로 연결되며, 새로운 배움 속에서 더욱 확장되고 깊어진다.

아이를 키우며 교육철학까지 깊이 고민하는 부모는 드물 것이다. 하지만 굳이 교육철학을 들먹이지 않더라도 놀이를 통해 아이들의 고유한 강점을 발견하고 키워주는 방법을 찾을 수 있다는 점은 분명하다. 나 또한 아이들의 일상과 놀이를 관찰하며 그들의 성격과 성향을 파악하려 노력할 뿐이다.

부모는 놀이에서 드러나는 아이들의 본성이 내직경험으로 연결되고, 궁극적으로 아이에게 의미 있는 배움으로 발전할 수 있도록 도와주어야 한다. 아이가 호기심을 갖고 무언가를 관찰할 때, 호기심 어린 눈빛으로 내 아이를 관찰해 보자. 부모의 관찰이 아이의 흥미를 경험으로 완성해 주는 징검다리가 될 것이다.

잠재적 재능을 발견하는 중요한 단서

어느 날, 햇살이 가득한 거실에서 강이는 블록을 쌓아 올리고 있었다. 작은 손이 흔들릴 때마다 블록은 위태로웠지만 아이의 눈은 반짝였다. 그 순간 나는 아이의 놀이 안에 쌓아 올리기 이상의 무언가가 있다는 것을 느꼈다. 아이는 호기심과 열정으로 자기만의 세계를 만들어 가고 있었다. 단순한 놀이를 넘어 아이의 성향과 재능의 씨앗을 발견할 수 있는 특별한 순간이었다.

그 후로도 강이는 놀이를 하며 상상력을 발휘했다. 말을 하기 시작하자 블록 놀이는 역할 놀이로 자연스럽게 이어졌다. 상상력이 급격히 발달하기 시작하는 4세부터는 놀이의 대부분이 역할놀이 형태로 자리 잡았다. 역할놀이는 현실과 상상의 세계를 연결해 주었다.

강이는 자신이 본 것과 들은 것을 주제로 예측 불가능한 상황을 즉흥적으로 만들어 나갔다. 나는 주로 아이의 주변에서 있을 법한 이야기 소재를 가져와 상황을 설정하는 역할을 했다. 아이는 엄마가 꾸며 낸 상황에 금방 몰입했고, 스스로 새로운 이야기를 엮어 확장했다. 집 안은 상상의 무대, 물건들은 이야기를 표현하기 위한 도구로 탈바꿈했다. 상상력이 풍부한 강이는 어떤 놀이든 재미있게 꾸렸다.

내가 강이의 영유아기 놀이를 떠올리는 이유는 별것 아닌 것처럼 보인 놀이에서 아이의 흥미와 성향을 발견할 수 있었기 때문이다. 그것이 재능의 씨앗이라는 사실을 알았다. 아이는 자라면서 점점 좋아하는 이야기에 자신만의 이야기를 덧붙였다. 나는 이 과정을 보며 아이의 놀이에서 숨은 단서를 발견해 내는 일이 무엇보다 중요하다는 사실을 깨달았다.

강이가 유아 체육 문화센터를 다니던 때에도 '단서'

가 있었다. 수업은 매번 신나는 음악에 맞추어 율동을 하며 시작했다. 선생님은 크고 재미있는 동작으로 아이들 앞에서 춤을 췄고, 아이들은 모두 몸을 콩콩 들어 올리며 흥을 발산했다. 그런데 유독 선생님을 가만히 지켜보기만 하는 아이가 있었다. 바로 강이였다.

'왜 강이는 가운데 서서 선생님을 쳐다보기만 할까? 흥이 나지 않는 걸까? 아니면 어수선한 분위기가 싫은 걸까?'

다른 아이들과 비교되자 속상하고 답답하면서도 궁금했다. 집에서는 음악에 맞춰 신나게 뛰어다니는 아이가 문화센터만 가면 망부석이 되는 이유를 알 수 없었다. 그런데 강이가 언젠가부터 집에서 한쪽 다리를 들고 양팔을 모은 채 서는 것을 반복하기 시작했다. 알고 보니 그건 선생님의 율동 중 하나였다! 그제야 나는 이유를 알 수 있었다. 망부석처럼 보였던 강이는 수업 시간 내내 선생님의 동작을 관찰하며 연구한 것이었다.

그 후로 아이는 춤에 빠졌다. 음악만 나오면 집이든 백화점이든 길거리든 어디서나 춤을 췄다. 그만한 또래라면 흔히 하는 행동이겠지만, 아이는 단순히 보고 따라

하기보다 자신만의 춤을 만들었다. 초등학교에 갓 입학해서는 전교생 장기자랑 대회에서 막춤을 추며 상을 받기도 했다. 아이에게 춤은 놀이이자 표현 수단이었다.

3년간 춤에 몰두하던 아이는 이후 마술에 깊이 빠졌다. 마술 도구를 사 모으고 집에서 카드 마술을 연습했다. 마술사가 쓴 책도 읽고 마술 쇼를 보러 다녔으며, 마술 학원에 다니고 싶다고 졸랐다. 이야기를 좋아하는 성향 때문인지 마술을 하며 이야기를 덧붙이는 걸 즐겼다. 마술 쇼를 연출하며 이야기에 살을 붙이고 자신만의 연기를 더하는 것이 놀이의 핵심이었다. 아이는 스스로 만든 마술 쇼를 가족들에게도 종종 선보였고, 학급 장기자랑에서 발표하기도 했다. 마술은 이야기를 만들어 자신을 표현하는 또 다른 놀이였다.

마술이 시들해지자 아이는 온갖 잡동사니로 무언가를 만들기 시작했다. 과학 실험 학습만화를 즐겨 보며 과학 실험에 빠졌고, 발명품을 만들기도 했다. 버려진 상자를 이용해 자판기와 상점 카운터를 만들어 가게놀이를 하며 발명과 이야기를 결합한 자기만의 놀이를 즐겼다. 과학 실험과 발명은 모두 놀이의 연장선에 있는 것처럼 보였다.

초등학교 3학년 때는 요요에 빠졌다. 거실 바닥은 매일 요요 기술을 연습하느라 흠집투성이가 되었지만, 그만큼 아이의 열정은 뜨거웠다. 요요 기술을 설명하는 영상을 직접 찍어 유튜브에 올리기도 했다. 기술이 늘자 음악과 기술을 결합해 자신만의 요요 쇼를 선보였다. 요요는 표현하고 인정받는 것을 좋아하는 아이에게 딱 맞는 놀이였다.

이처럼 아이는 초등학교 시기에 다양한 놀이를 통해 자신의 흥미를 발견했다. 나는 아이가 어떤 놀이를 좋아하는지 관찰하며, 새로운 놀이가 시작될 때 이전 놀이와의 연결 지점을 찾아보려 애썼다. 음악과 이야기를 좋아하고 표현 욕구가 강한 성향은 춤에서 마술로, 마술에서 요요로 자연스럽게 이어졌다.

또 상상력과 호기심이 많고 창작을 즐기는 성향은 과학 활동과 발명으로 확상뇌었다. 모든 놀이는 서로 다른 듯 보였지만 묘하게 연결되어 있었다.

놀이를 통해 아이는 자신에게 맞는 흥미와 재능을 탐구하며 점점 더 자기만의 길을 찾아갔다. 어릴 적 시작된 놀이가 학년이 올라가면서 새로운 활동과 연결되었고, 취미가 되었다. 그렇게 자리 잡은 취미는 지금도 조금씩 모습을 바꾸어 자신을 알아가는 중요한 도구가 되어 주고 있다.

아이에게 놀이는 단순한 일상의 즐거움이지만, 그 속에서 드러나는 흥미와 성향은 이후 진로를 찾는 중요한 단서가 된다. 놀이가 곧바로 진로로 연결되지 않더라도 놀이를 통해 발견한 성향은 다양한 분야로 확장될 가능성을 품고 있다.

아이의 일상 속 놀이를 세심하게 관찰하고, 그 속에서 발견한 작은 단서들을 이어 나가다 보면 언젠가 아이만의 빛나는 별자리가 될 것이다. 무엇보다 그 별들을 잇는 과정은 아이가 꿈을 찾아가는 여정일 뿐 아니라 부모와 아이가 함께 만들어 가는 특별한 성장의 순간이 될 것이다.

기질은 놀이로 드러나고,
기다림으로 자란다

고백하건대 아이들의 성향을 성별에 따라 나누지 않으려고 해도 내 아이는 남자이니 좀 더 씩씩하길 바란 적이 많았다. 넘어지더라도 툭툭 털고 일어나고, 상처가 나도 호 불면 괜찮아지는 털털함이 있으면 좋겠다고 생각했다. 친구들이 놀려도 '나만 아니면 됐지' 하고 개의치 않는 배포와 잘하지 못하더라도 '그럴 수도 있지' 하고 넘기는 자신감이 있었으면 했나.

어른인 나도 잘하지 못하는 것을 어린아이에게 바라는 것이 얼마나 큰 욕심인지, 그때는 미처 깨닫지 못했다. 하지만 이제는 안다. 비교와 불안에 휩싸여 내 아이를 온전히 바라보지 못했다는 걸. 타고난 기질은 좋은 것도, 나쁜 것도 아닌 그 아이의 고유함이라는 것도.

아이들의 놀이 성향 역시 개인의 고유한 기질과 심리를 드러낸다. 혼자서 몰입하는 시간을 즐기는 아이는 친구들과 어울리기보다 자신의 호기심을 좇아 놀이를 선택하는 경향이 강하다. 그래서 친구들과 놀다가도 어느새 자신이 궁금한 것을 좇아 놀이를 벗어나곤 한다.

강이가 어릴 적에 그랬다. 놀이터에서 친구들과 카드놀이를 하다가도 갑자기 출몰한 도롱뇽 소식에 자리를 뜨기도 하고, 같이 놀자고 만난 친구를 두고 혼자 다른 놀이에 빠져 있기도 했다. 그럴 때마다 걱정스러웠다.

'학교에 가면 친구를 제대로 사귈 수 있을까?'

'사회성이 너무 떨어지는 건 아닐까?'

'혹시 따돌림을 당하는 건 아닐까?'

많은 부모들이 내 아이만 혼자 떨어져 노는 모습을 보면 불안을 느낀다. 나 역시 그랬다. 하지만 아이를 관찰한 덕분에 한 가지 중요한 사실을 깨달았다. 부모가 알고 있는 기질이 아이의 전부가 아니며, 영원불변하지도 않다는 것이다. 그래서 아이들의 놀이에 나타나는 기질은 아이를 이해하는 중요한 도구지만, 그것만이 아이를 판단하는 유일한 잣대가 되어서는 안 된다. 다양한 환경에서 아이들은 나날이 변화하고 성장하기 때문이다.

이와 같은 깨달음은 교사로서의 시야를 넓히고 교실에서 만나는 다양한 아이들의 모습을 포용할 수 있게 도와주었다. 함께 노는 것을 좋아하는 아이도 있고, 혼자 노는 것을 좋아하는 아이도 있다. 어떤 아이는 밖에서 뛰어놀며 에너지를 발산하는 것을 좋아하고, 어떤 아이는 조용히 교실에서 이야기를 나누거나 보드게임하는 것을 즐긴다. 혼자 놀기에 몰두해 친구가 옆에서 지켜보는 것도 모르는 아이가 있는가 하면, 누군가 자신의 활동을 지켜보는 것을 쑥스러워하거나 불편해하는 아이도 있다.

상담 내용 중 상당수는 '내 아이가 학교에서 무엇을 하고 노느냐?'에 관한 것이다. 부모들은 내 아이의 기질에 대해 잘 안다고 여기면서 주로 그 기질의 부정적인 면을 본다. 단짝 친구가 없어서 걱정하고, 반대로 단짝만 있고 여러 친구와 어울리지 않는다고 걱정한다. 교실에서만 노는 아이의 부모는 밖에서 뛰어놀기를 바라고,

밖에서만 노는 아이의 부모는 차분히 앉아서 놀 줄 알면 좋겠다고 푸념한다.

이런 얘기를 들을 때마다 문득 드는 생각이 있다. 부모의 마음은 결국 아이가 어떻게 놀든 걱정으로 귀결되는구나! 나 역시 불안과 걱정 속에서 아이를 키웠기에 그 마음을 이해한다. 그럴수록 아이에게는 아무런 문제가 없다고 부모를 다독인다.

"저도 그랬어요. 하지만 아이는 영원히 그 자리에 머물지 않아요. 그러니 너무 염려하지 마세요."

사실이었다. 강이는 친구에게 하고 싶은 걸 표현하지 못하고 혼자 노는 걸 즐기던, 내향적인 아이였다. 아니, 나는 그렇게 믿었다. 그런데 아이가 학교를 다니면서 조금씩 다른 모습을 보이기 시작했다. 자신을 표현하는 모습이 나타났고, 내가 알던 강이와는 점점 다른 아이로 자라고 있었다.

알고 보니 강이는 혼자보다 함께하는 것을 더 좋아하는 아이였다. 다섯 살 때 미끄럼틀에만 올라가면 친구들 틈에 한참을 서 있다가 가장 마지막에 내려오는 모습을 보며, 난 강이가 소심하거나 내향적이어서 그런 것이라

여겼다. 하지만 강이는 단지 자기표현 능력이 충분히 자라지 않았을 뿐이었다. 오히려 타인의 감정을 읽고 공감하는 능력이 있었기에 친구들의 행동을 먼저 살핀 것이었다.

강이는 누구보다 친구들과 어울리기를 좋아하고, 친구들의 마음을 잘 이해하고 공감하는 아이로 성장했다. 만약 아이가 어릴 때 소심하다고 타박하거나 친구들과 어울리도록 강요했다면 지금의 강이는 전혀 다른 모습일지도 모른다. 생각만 해도 아찔하다.

아이의 내면에는 여러 종류의 씨앗이 있다. 하지만 우리는 아이에게 어떤 씨앗이 심겨 있는지 모른다. 모든 씨앗마다 싹을 틔우는 조건이 다를 것이라고 짐작만 할 뿐이다. 어떤 씨앗은 물을 적게 줘야 잘 자라고, 어떤 씨앗은 발아하는 데 시간이 오래 걸린다. 물을 많이 주거나 재촉한다고 싹이 빨리 트고 더 건강하게 사라는 것은 아니다. 조급해하지 말고 느긋하게 기다려 주는 것이 가장 좋은 거름이 될 때도 있다.

아이는 자기만의 속도로 자란다. 정성 어린 마음으로

아이를 관찰하되 판단은 언제나 유연하게 열어 두어야 한다. 항상 옳은 것도, 영원히 그대로인 것도 없다. 이것이 지금껏 내가 아이를 키우며 얻은 가장 큰 깨달음이다.

스크린 속 아이들을
구하는 법

~~~~~

 학교를 마친 아이들은 어디로 갈까? 예전처럼 운동장에서 술래잡기를 하거나 교실에 남아 그림을 그리고 만들기를 하는 아이들은 이제 거의 보이지 않는다. 대신 아이들은 바쁘다. 학교 일과가 끝나면 각자의 학원으로 흩어지고, 방과 후 수업을 기다리는 아이들은 복도에 줄지어 앉아 스마트폰을 들여다본다. 잠깐이라도 시간이 나면 게임을 하거나 영상을 본다. 복도 한편에 마련된 학생용 쉼터는 어느새 게임 공간으로 변해 있다. 그 모습을 보고 있자니 씁쓸한 마음이 올라온다.

 창문 밖을 내다보면 조회대 아래 계단에서도 아이들

이 모여 스마트폰 화면을 들여다보고 있다. 축구를 하려고 나왔던 아이도 인원이 모자라 결국 공을 깔고 앉아 친구들의 게임을 구경한다. 저쪽에서는 여자아이들이 아이돌 춤 영상을 틀어 놓고 따라 한다. 불과 몇 년 전까지만 해도 저학년 아이들은 시소를 타거나 술래잡기 놀이를 했는데, 이제 그 모습조차 찾아보기 힘들다.

학교 밖도 사정은 마찬가지다. 사거리 횡단보도 앞에서 신호를 기다리는 아이들은 하나같이 스마트폰을 들여다보고 있다. 자전거를 타면서도, 친구와 걸어가면서도 시선은 온통 화면에 고정되어 있다. 바닥에 길게 그려진 신호등이 깜빡여도 길을 건너지 않는다. 스마트폰에서는 빠르게 지나가는 영상과 거친 말들이 흘러나온다. 편의점 앞 테이블에는 아이들이 바짝 붙어 앉아 게임에 몰두하며 큰 소리로 욕설을 내뱉는다.

놀이터도 달라졌다. 몇 년 전만 해도 놀이터에는 친구들과 어울려 노는 아이들이 있었다. 바닥에 앉아 포켓몬 카드나 고무딱지 놀이를 하고, 쇳덩이 팽이를 돌리며 경쟁을 즐겼다. 인라인스케이트를 타거나 줄넘기 연습을 하는 아이들도 있었다. 고무줄 하나만으로도 신나게 놀던 내 어린 시절과 비교하면 다소 인위적이었지만, 그래도 아이들 사이에 교감이 있었다.

그러나 코로나19를 기점으로 아이들의 놀이 문화는 급격히 변했다. 이제 서로의 얼굴을 보며 노는 아이들은 드물다. 한자리에 앉아 있어도 각자의 스마트폰을 들여다보며 논다. 대화창에서 짧은 단어와 이모티콘을 주고받는다. 때로는 욕설도 오간다.

가상 세계에서 익힌 언어 습관과 놀이 방식이 현실에서도 그대로 나타난다. 친구의 외모나 행동을 비아냥거리며 농담의 도구로 삼고, 감정을 공유하기보다는 유행하는 밈meme*으로 반응한다.

나는 강이가 초등학교를 졸업할 때까지 스마트폰을 사 주지 않으리라 결심했다. 하지만 뜻대로 되지 않았다. 코로나19 이후 스마트폰이 학습 도구로 둔갑하면서 내 신념은 점점 흔들렸다. 무엇보다도 모두 가지고 있는 스마트폰을 내 아이만 갖고 있지 않다는 사실이 불안했

• 밈: SNS 등에서 유행하여 다양한 모습으로 복제되는 패러디물을 이르는 말.

다. 방과 후에 친구들이 삼삼오오 모여 게임을 즐길 때, 내 아이만 덩그러니 옆에서 구경하는 모습을 상상하니 속이 상했다.

판단이 흐려지기 시작했다. 스마트폰이 주는 해악은 축소되고, 아이가 소외될 것 같은 불안은 커졌다. 결국 아이의 말을 듣고 무너졌다.

"저만 스마트폰이 없어서 모둠 과제를 할 수 없어요."

"수학여행을 준비하기 위해 친구들과 얘기해야 하는데, 저만 SNS 앱이 없어서 아무것도 할 수 없어요."

초등학교 6학년이 된 아이는 그해 5월에 스마트폰을 얻었다. 그때 내가 스마트폰을 허락한 이유가 사랑이 아니라 불안이었다는 것을 알았더라면, 남들 다 하는 거 그냥 하게 해 주라는 말에 흔들리지 않았을 것이다. 조금 더 빨리 깨닫고 조금이라도 늦출 수 있었다면 좋았을 텐데, 후회가 남는다.

코로나19 시기에 부모들은 원격 수업을 위해 아이들에게 스마트폰과 태블릿을 사 주었다. 교육청은 원격 학습이 어려운 가정을 위해 와이파이를 지원했고, 학교에서는 태블릿을 대여해 주었다. 교사들 역시 방법을 찾기 어려웠다. 서로 만날 수 없는 상황에서 동영상을 보고 기록하는 과제가 최선이었다. 스마트 기기는 모두가 답답한 상황에서 하나의 돌파구가 되었다.

그러나 결과적으로 이 과정은 아이들을 급속도로 온라인 세계로 끌어들였다. 스마트폰은 필수품이 되었고, 초등학생이 스마트폰을 가지는 것 또한 자연스러운 문화가 되었다. 교육을 위해 어쩔 수 없다며 부모들이 선택한 결정은 결국 또 다른 다수를 만들었고, 그 다수가 곧 주류 문화가 되었다.

코로나19 이후 폭발적으로 성장한 온라인 동영상 서비스는 교육에서 유용한 역할을 했지만 아이들의 놀이 문화도 함께 휩쓸어 갔다. 소셜 미디어가 또래 문화를 주도하기 시작했고, 현실 세계와 가상 세계에서의 놀이의 경계는 점차 흐려졌다. 함께 노는 즐거움도, 놀면서 갈등을 해결하는 방법도 앗아 갔다. 아이들은 놀이를 통해 얻을 수 있는 공감과 소통 같은 중요한 삶의 기회마저 잃고 있다.

이처럼 스마트폰이 아이들에게 미치는 부정적인 영

향이 점점 또렷해지고 있음에도, 많은 부모는 여전히 아이들이 스스로 잘 조절할 수 있으리라 믿는다.

"공부 많이 했으니까 이제 마음껏 스마트폰 봐도 돼."

"공부를 잘하니 스마트폰으로 엉뚱한 짓은 안 할 거야."

학습 태도에는 의심의 눈초리를 보내면서 스마트폰 사용에 대해서는 묘한 신뢰를 보내는 모습이 아이러니하다. 정작 보이지 않는 가상 세계에 더 큰 믿음을 두는 듯하다. 『불안 세대』의 저자 조너선 하이트가 말한 "현실 세계에서는 과잉보호하고, 가상 세계에 대해서는 과소 보호한다"는 지적에 고개가 절로 끄덕여진다.

아이가 어떤 영상을 보고 SNS에서 누구와 대화를 나누는지 알고 있는가? 스마트폰을 보면서 부모 옆에서 조용히 놀고 있는 내 아이가 정말 '안전하고 온전한 놀이'를 즐기고 있는지 한번 돌아볼 일이다.

나 역시 내 불안에 속아 아이에게 스마트폰을 사 준 평범한 부모이다. 하지만 내 아이가 남들처럼 평범하게 스마트폰을 사용하길 원하지 않는다. 정해진 인터넷 사용시간, 부적절한 앱 차단, 밤 9시 이후 자동 잠금 설정으로 사용을 제한한다. 무작정 규제하지 않는다. 이해시키고, 설득하고, 타협하며 함께 조정한다.

나는 오늘도 아이가 스마트폰을 스스로 내려놓기를 기다린다. 단순한 기다림이 아니라 관찰하고 고민하고 방법을 연구하며 기다린다.

모든 부모가 함께 고민하는 날도 기다린다. 그리하여 초등학교 아이들에게 스마트폰을 쥐여 주는 것이 갸우뚱해지는 문화가 주류가 되길 바란다. 함께 고민하고 노력한다면 우리 아이들이 서로 마주 보고 웃으며 진짜 놀이를 할 수 있는 시간이 반드시 올 것이다.

잘 노는 아이가
공부도 잘한다

　'잘 노는 아이가 공부도 잘한다.' 이 문장은 단순히 아이들을 달래기 위한 말이 아니다. 이것은 아이들의 놀이가 단순한 재미를 넘어 삶의 중요한 기술과 태도를 키우는 과정이라는 메시지를 담고 있다. 놀이를 통해 아이들은 자발성, 주도성, 창의성을 배우며 자기효능감을 키운다. 잘 놀 줄 아는 아이는 자신만의 흥미와 열정을 발견하고, 몰입의 즐거움을 경험한다. 그리고 이는 자연스럽게 공부로 이어진다.

　스티브 잡스는 어린 시절 전자제품과 기계에 깊은 관심을 보였다. 그는 전자회로를 만들거나 장난감을 개조

하는 등 스스로 무언가를 만드는 놀이를 즐겼다. 그의 어린 시절 놀이는 단순한 취미를 넘어 창의성과 혁신적 사고의 뿌리가 되었다. 이처럼 아이들에게 놀이란 단순히 쉬고 즐기는 시간이 아니라 자신의 가능성을 발견하고 키우는 훈련의 장이다.

내가 4학년 담임일 때, 영미는 우리 반 공기놀이의 최강자였다. 쉬는 시간마다 교실은 공기놀이 열기로 가득했고, 아이들은 자연스럽게 자신의 실력에 맞는 친구들과 짝을 이루어 공기놀이를 즐겼다. 그러나 누구도 쉽게 영미를 넘보지 않았다.

그런데 지현이는 달랐다. 지현이는 패기와 도전 정신으로 가득 차 있었고, 영미를 꼭 한번 이기고 싶다는 목표를 세웠다. 방과 후 집에서도 공기놀이 연습에 몰두한 지현이는 쉬는 시간마다 작은 손안에 공기 알을 굴리며 끊임없이 도전했다. 교실 뒤편에서 경기를 지켜보며 매일 성장하는 지현이의 모습에 자연스럽게 응원을 보내기도 했다.

지현이는 단순히 놀고 있는 것이 아니었다. 내적 동기를 바탕으로 자율성과 문제해결능력을 키우고 있었다. 지현이는 부족한 점을 스스로 파악하며 개선했고, 더 나아질 방법을 고민하며 계획했다. 이런 과정은 놀이의 본질적인 즐거움 속에서도 아이가 스스로 배우고 성장할 수 있음을 보여 주었다.

중학생이 된 지현이가 공부를 잘한다는 소식을 들었을 때, 나는 전혀 놀라지 않았다. 자율성을 바탕으로 놀이에 몰입했던 경험이 지현이의 자기주도적학습 능력을 키운 것이다. 아이들이 놀이에 몰두하는 순간은 단순한 재미를 넘어 삶에서 중요한 기술과 태도를 익히는 시간임을 다시 한번 깨달았다.

3학년 성민이도 기억에 남는다. 성민이는 당시 우리 반 놀이 대장이었다. 성민이가 특별히 운동을 잘하거나 탁월한 재능이 있는 아이는 아니었다. 하지만 놀이터에만 나가면 아이들은 늘 성민이를 중심으로 모여들었다. 어느 날 나는 성민이와 친구들이 모래사장에서 뛰어노는 모습을 관찰했다. 멀리뛰기를 하는 것처럼 보였으나 조금 더 지켜보니 단순한 놀이가 아니었다. 아이들은 멀리뛰기, 나무에 매달려 돌기, 줄넘기를 차례로 이어 갔다. 아이들은 땀을 뻘뻘 흘린 채 교실에 들어오며 웃으며 말했다.

"야, 김성민! 오늘 철인 3종 경기 진짜 재밌었어!"

그 놀이는 성민이가 규칙을 만들고, 친구들이 자발적으로 참여하여 완성한 것이었다.

학교에서는 일상적으로 볼 수 있는 일이지만, 나는 그때 남모를 전율을 느꼈다. 아이들 입에서 자연스레 나오는 "진짜 재밌었어!"라는 말의 힘을 알기 때문이다. 성민이는 친구들을 협동하게 이끌었고, 규칙을 제안하고 놀이를 주도했다. 아이들은 스스로 만든 규칙 속에서 몰입의 즐거움을 맛보며 자기효능감을 키웠다. 이런 자기효능감은 자신을 믿으며 도전하고 공부에 몰입하는 데 밑거름이 될 것이 분명했다.

잘 노는 아이가 공부도 잘하는 이유는 간단하다. 놀이는 흥미와 열정을 바탕으로 이루어지며 몰입의 즐거움을 가르쳐 준다. 몰입은 자발성에서 시작되고 아이가 자발적으로 몰입한 경험은 단순히 놀이에서 끝나지 않고, 공부나 다른 일로 확장된다. 놀이를 잘하는 아이는 실패를 두려워하지 않는다. 놀이에서의 실패는 단지 다음 도전을 위한 과정일 뿐이다. 잘 노는 아이들은 끊임없이 규칙을 만들고 문제를 해결하며 친구들과 협력하는 법을 익힌다.

많은 부모가 놀이와 공부를 대립 개념으로 생각한다. 하지만 놀이와 공부는 본질적으로 비슷한 과정을 요구한다. 자발성, 주도성, 그리고 관계성을 바탕으로 한 태도는 놀이와 공부 모두에서 중요하다. 내적 동기를 가지고 스스로 계획하여 발전시켜 나가는 의지, 자기주도적으로 문제를 해결하는 능력, 자신의 강점을 파악하고 끊임없이 현재를 재정비하는 능력, 실패하더라도 다음의 성공을 기약하며 일어서는 태도, 함께하는 사람과의 갈등을 해결하고 협력하는 능력, 이 모든 것은 아이들을 자연스럽게 공부의 세계로 이끈다. 단순히 높은 성적을 내는 공부가 아니라 자신만의 열정을 찾고 몰입할 수 있는 진정한 공부 말이다.

그런 의미에서 잘 노는 아이가 공부도 잘한다는 사실은 허황된 말이 아니라 우리 아이들의 성장과 성공을 위한 진리이다. 놀이가 아이의 미래를 결정짓는 중요한 성장 과정임을 기억해야 한다.

관찰 돋보기

놀이 관찰을 위한 실제적인 팁

1. 최근에 내 아이가 가장 즐겨 하는 놀이는 무엇인가요?

2. 다음은 놀이 철학이나 아동교육 연구자들이 자주 다루는 '진짜 놀이'의 개념입니다. 내 아이가 즐겨 하는 놀이가 어느 놀이에 해당하는지 체크해 보세요.

   □ 스스로 시작과 끝을 정할 수 있는 놀이

   □ 통제나 간섭 없이 주도적으로 할 수 있는 놀이

   □ 방법과 규칙을 자유롭게 변형할 수 있는 놀이

   □ 상상력을 발휘하며 창조할 수 있는 놀이

   □ 자신의 가능성을 시험해 볼 수 있는 놀이

   □ 예측 불가능하여 흥미를 주는 놀이

   □ 적당히 위험해 보여서 도전 정신을 자극하는 놀이

   □ 내가 좋아하는 것을 탐색하는 과정이 되는 놀이

   □ 성취감 때문에 다음에 또 하고 싶은 놀이

   □ 시간이 가는지 모를 만큼 즐거운 놀이

3. 내 아이의 놀이를 관찰하며 (놀이와 관련하여) 아이에 대해 걱정되는 부분이 있나요? 있다면 그 놀이의 좋은 점을 떠올려 보세요. 그 놀이의 좋은 점이 긍정적으로 발휘되는 상황이 있나요?

> 예
>
> **걱정되는 부분**: 남자아이인데 여자아이와 주로 노는 것
> **좋은 점**: 세심한 감정을 잘 알아차림, 공감을 잘함
> **긍정적으로 발휘되는 상황**: 친구 상담해 주기, 친구들의 갈등 중재하기

4. 내 아이가 몰입하는 놀이를 '의미 있는 경험'으로 확장할 수 있도록 어떤 노력이나 시도(혹은 계획)를 하고 있나요?

5. 아이의 스마트폰 사용 습관과 태도에 대해 생각해 보세요.

☐ 아이의 스마트폰 하루 사용 시간을 알고 있나요? 주로 어떤 용도로 사용하는지 알고 있나요?

☐ 아이가 사용하는 SNS 앱을 알고 있나요? 알고 있다면 부적절한 앱은 차단했나요?

☐ 아이와 함께 대화하고 타협하는 절차를 거쳐 만든 스마트폰 사용 규칙이 있나요?

☐ 규칙을 정하고 지키는 것을 자율, 책임, 절제와 같은 덕목을 배우기 위한 과정과 연관하여 가르치고 있나요? 아니면 규칙을 지키는지 지키지 않는지에 초점을 맞추어 감정 소모를 하고 있나요?

3장

감정 관찰

말과 행동을 읽어라

부모의 세심한 관찰과 따뜻한 질문,
조용한 대화의 힘이 아이를 단단하게 만든다.

감정에 이름을 붙이면
마음이 보인다

5학년 담임을 맡았을 때 '감성노트 쓰기 프로젝트'를 1년간 진행했다. '감정'과 '성장'의 앞 글자를 따서 만든 '감성노트'에 아이들은 매일의 감정과 작은 성장 다짐을 기록했다.

방법은 단순했다. 아이들은 아침에 등교하자마자 칠판 앞 바구니에서 자기 감성노트를 꺼내 그날의 감정을 적었다. 행복하다, 피곤하다, 짜증 난다처럼 어떤 감정도 괜찮았다. 이어서 오늘 나는 어떤 부분에서 조금 더 성장하고 싶은지 짧게 다짐을 적었다. 발표 한 번 하기, 영어 수업 잘 듣기, 채소 한 번 먹기, 친구에게 예쁜 말

쓰기처럼 아이들의 다짐은 다양했다.

하루를 마무리할 무렵, 아이들은 자신이 세운 다짐을 돌아보며 간단한 평가도 남겼다. 잘했음, 성공, 굿, 조금 부족함 등 자기만의 표현으로 하루를 정리했다.

저마다의 작고 조용한 성장들이 담긴 감성노트는 수업이 끝난 후 내 책상 위에 하나둘 쌓였다. 나는 감성노트를 하나하나 넘겨보며 아이들의 소소한 감정과 마음의 불씨를 다시 만났다. 친구들과 즐거웠던 일, 내가 미처 눈치채지 못했던 갈등, 집에서부터 이어진 감정과 그 이유까지. 노트 속엔 작지만 묵직한 이야기들이 담겨 있었다. 아이들이 흘려 놓은 감정을 읽으며 나는 그들의 마음에 한 걸음 더 가까이 다가갈 수 있었다.

감정을 잘 관찰하다 보면 복잡한 마음이 어디에서 비롯되었는지, 무심코 내뱉었던 말과 행동이 어떤 감정의 뿌리에서 나왔는지 알 수 있다. 하지만 아이들은 아직 자기감정을 예민하게 살피는 방법을 모른다. 그렇기에 낯설고 불편한 감정은 어긋난 말과 행동으로 흘러나오고, 말하지 못한 감정은 예상치 못한 순간에 친구와의 갈등으로 터져 버린다. 감성노트는 그런 복잡한 감정을 꺼내어 돌아보고, 자신을 이해할 수 있도록 돕는 통로였다. 아무렇지 않아 보이는 평범한 아침에도 마음속엔 늘 다른 감정이 깃들어 있다는 걸 스스로 알아차릴 수 있기를 바랐다.

그렇다면 아이들은 자신의 감정을 어떻게 받아들일까? 3학년 영민이의 하루를 따라가며 감정의 흐름을 들여다 보자.

> 아침에 학교에 가려다가 발걸음을 멈췄다. 어제 진호가 재미있게 읽던 책이 문득 생각났기 때문이다. 그 책은 예전에 엄마가 인기 있는 시리즈라며 사 주었지만, 한 번도 펼쳐 보지 않았다. 우리 집에 있다는 사실조차 잊고 지냈는데 친구가 재미있게 읽는 모습을 보니 갑자기 보고 싶었다.
> '엄마도 내가 이 책 읽는다고 하면 좋아하겠지?'
> 어떤 책을 가져갈지 고민하니 시간이 흘렀다.
> "엄마, 나 어떤 책 가져갈까?"

그때 엄마가 짜증 섞인 목소리로 말했다.

"읽으라고 할 땐 안 읽더니, 학교 갈 시간에 책 읽는다고 그러고 있어?"

난 기분이 확 상해서 엄마에게 버럭 소리를 질렀다.

"언제는 책 사 줘도 안 읽는다고 뭐라 하더니!"

아무 책이나 뽑아 툴툴거리며 집을 나섰다. 학교 가는 길에 친구들을 만나 웃으며 이야기도 나눴지만, 마음 한구석이 찜찜했다.

교실에 도착해 감성노트를 펼쳤다.

'이 기분은 뭐지? 기분이 나쁜 건 맞는데… 그냥 찜찜해. 근데 평소 혼났을 때랑은 좀 달라.'

여러 감정 단어를 떠올렸지만 딱 들어맞는 단어가 없었다. 결국 '찜찜함'이라고 적었다.

쉬는 시간에 책을 읽고 있는데 진호가 다가왔다.

"야, 너도 이 책 읽냐? 새 책이네. 어제 샀어? 내 거 보고 따라 산 거야?"

별말도 아닌데 갑자기 화가 났다.

"아니거든! 이거 우리 집에 예전부터 있었거든! 내가 집에서 읽던 책이거든!"

결국 사소한 말다툼이 이어졌다.

영민이도 알아채지 못한 '찜찜한 감정'은 무엇이었을까? 이번에는 엄마의 입장에서 감정을 살펴보자.

영민이 엄마는 평소 책에 별 관심 없던 아이가 아침부터 책장 앞에서 서성이는 모습이 낯설었다. 학교에 늦을까 봐 조급한 마음도 들었다. 그 불안함은 다그침이 되어 튀어나왔다. 매일 반복되는 아침 풍경이었지만, 오늘따라 아이가 유독 크게 반응했다. 이유를 알 수 없던 엄마는 '벌써 사춘기인가?' 하는 생각에 한숨을 쉬었다.

이제 영민이의 행동을 되짚으며 감정을 읽는 연습을 해 보자.

1. 아이의 낯선 행동에 호기심 갖기
- 평소와 달리 책장 앞에 서 있네. 왜 그럴까?
- 무슨 생각이 들어서 저기 서 있는 걸까?

2. 아이의 행동을 관찰한 사실을 질문하기
- 학교 갈 시간이 다 되었는데 책장 앞에 서 있구나. 혹시 챙겨 갈 책이 있니?

3. 감정에 공감하기
- 예상 대답: 엄마가 예전에 사 준 책을 친구가 읽고 있더라고요. 재밌어 보여서 저도 가져가서 읽으려고요.
- 엄마의 반응: 아, 그래서 시간 가는 줄도 모르고 책장 앞에 서 있었구나! (관찰을 통한 반응) 우리 아들, 드디어 엄마가 사 준 책에 관심을 보이는구나! (행동을 유발한 감정에 대한 긍정) 그런데 학교에 늦겠다. 다음엔 미리 준비하자. (행동이 일으킨 문제 상황에 대해 인지할 수 있도록 돕는 말, 해결법 제안)

영민이가 느낀 '찜찜한 감정'은 '서운함'과 '좌절감'이었다. 처음으로 스스로 책을 읽고 싶은 마음이 생겼고, 그걸 인정받고 싶었는데 엄마는 그 마음을 읽지 못했다. 만약 영민이 엄마가 다그치는 대신 아이의 행동을 관찰하고 질문으로 대화를 시작했더라면 영민이의 마음을 알아챌 수 있었을 것이다. 그리고 영민이도 '내가 인정받고 싶었구나' 하고 자신의 감정을 알아차릴 수 있었을 것이다. 그런 알아차림은 영민이가 책을 가까이하는 아이로 성장하는 출발점이 될 가능성이 높다.

감정은 그저 순간의 기분이 아니다. 감정을 어떻게 이해하고 다루느냐에 따라 아이의 말과 행동이 달라지고, 결국 삶의 방향이 달라진다. 감정을 존중받으며 자란 아이는 타인의 감정도 헤아리며 스스로 성찰하는 어른으로 성장한다. 하지만 감정을 외면당한 아이는 다른 사람의 감정도 쉽게 무시하며 옳고 그름만으로 세상을 판단할 우려가 있다.

부모가 먼저 아이의 감정을 읽고 이해하려고 애쓸 때, 아이는 세상을 더 따뜻한 눈으로 바라볼 수 있다. 부모가 감정을 읽어 주면 아이는 결국 자기감정을 건강하게 표현하며 성장한다.

그런 의미에서 감성노트는 아이들이 자신의 감정을 존중하며 바라보는 연습을 시작하는 도구이다. 누구에게도 보이지 않지만 조용하고 거대한 내면의 성장이 차곡차곡 쌓여 가는 저장소이다.

  오늘도 소중한 나를 알아 가는 낯선 여정을 시작하는 아이들의 마음을 한 장 한 장 펼쳐 본다.

감정은
닮아 간다

4학년 지연이는 명랑하지만 작은 일에도 쉽게 상처받는 아이였다. 친구들의 사소한 핀잔이나 충고나 거절을 잘 받아들이지 못해 울먹이며 내게 달려오는 일이 잦았다.

"선생님, 민희가 저보고 게임에서 빠지래요."

바쁘게 다음 수업을 준비하고 있는데 지연이가 퉁명스럽게 말했다.

"어? 게임에서 빠지라고 했다고? 민희가?"

하지만 민희의 얘기를 들어 보면 상황은 달랐다.

"게임을 하는데 지연이한테 규칙을 설명해 줘도 계속

모르겠다고만 하고 안 듣다가 게임을 시작하면 또 엉뚱하게 하고….”

"네가 설명을 좀 더 잘 해 줬어야지."

지연이가 되받아쳤다.

"내가 몇 번이나 설명해 줬잖아."

민희도 지지 않았다.

"얘들아, 잠깐만 한 명씩 이야기하자."

나는 손을 들어 대화를 정리했다.

"민희가 지연이한테 게임에서 빠지라고 말했어?"

"아니에요! 그냥 일단 우리끼리 하는 걸 본 다음에 들어오라고 한 거예요."

"그게 그거지! 빠지라고 한 거잖아."

민희의 말에 지연이는 갑자기 크게 소리를 치며 울음을 터뜨렸다.

나는 이 상황이 낯설지 않았다. 지연이는 평소에도 도와달라는 요청을 자주 했다. 그러나 막상 도움을 주려고 하면 시도해 보지 않고 상황을 피했다.

"아, 괜찮아요. 이거 지금 몰라도 될 것 같아요. 집에서 해 볼게요."

4학년이니 눈치껏 해결할 만한 친구 사이의 일도 여전히 선생님의 도움을 원할 때가 많았다.

지연이의 감정을 찬찬히 들여다보면 그 안에 불안이 자리 잡고 있었다. '이게 맞는 걸까? 잘못되면 어떡하지?' 하는 걱정이 늘 지연이를 따라다녔다. 스스로 해본 경험이 부족한 탓에 실패를 두려워했고, 불확실한 상황에서는 시도조차 하지 않았다.

불안은 실패와 좌절에 대한 두려움의 다른 모습이었다. 지연이의 불안은 지연이를 매사에 소극적으로 행동하게 하고, 다른 사람에게 의존하는 습관을 만들었다. 이런 태도에 익숙해지자 스스로 선택하고 결정을 내리는 것도 어려워했다. 선택을 떠넘기고는 상황이 마음에 들지 않으면 쉽게 다른 사람을 탓했다.

이와 같은 의존성은 자신의 감정을 인지하는 연습을 하지 못해서일 가능성이 높았다. 특히 슬픔, 분노, 불안, 당황스러움 같은 불편한 감정들을 스스로 인지하기 전에 누군가(대체로 부모)가 대신 해소해 주려고 노력했던 건 아닐까 하는 생각이 들었다. 지연이에게 가장 필요한 것은 자신의 감정을 관찰하고 받아들이는 연습, 그리고 스스로 해결하려는 태도였다.

하지만 지연이 어머니의 생각은 달랐다. 나는 어머니와 전화 상담을 하며 지연이의 불안이 어디에서 비롯되었는지 어렴풋이 짐작할 수 있었다. 지연이 어머니는 아이의 관계 속에서 발생하는 작은 갈등도 지연이의 순수한 감정을 해치는 것으로 받아들였다. 지연이는 여리고 착한데 다른 친구들이 그 마음을 이해해 주지 않는 것 같다며 하소연했다.

"우리 아이가 친구들에게 마음의 상처를 많이 받았어요. 함께 어울리고 싶어서 그런 건데, 다른 아이들이 그걸 이해해 주지 않아요. 규칙을 잘 모르는 친구도 친절하게 챙겨서 함께 놀아야 하는 것 아닌가요?"

나는 어머니의 불안을 이해하면서도 이 보호 본능이 지연이를 스스로 해낼 수 없는 아이로 만들고 있다는 말을 전할 수가 없었다.

"어머님의 걱정, 충분히 이해합니다. 그런데 게임에서 규칙을 지키는 연습은 모든 아이에게 필요한 과정입니다. 혹시 지연이가 집에서 스스로 지키는 규칙은 어떤 것이 있는지요?"

이 말이 목구멍까지 올라왔지만 끝내 삼켰다. 나는 지연이가 가정에서 얼마만큼의 자율성을 가지고 있는지, 어느 정도의 실패와 좌절감을 허용받고 있는지 묻고 싶었다.

지연이 어머니와 대화를 나누며 지연이의 성장을 돕기 위한 적절한 답을 찾기가 어려웠다.

지연이의 부족한 부분을 이야기하면 민희의 편을 든다고 생각할 수도 있을 것이고, 교실에서는 이런저런 일이 벌어질 수 있다고 말하면 교사의 책임을 회피하는 것처럼 보이는 상황이 될 터였다. 나의 진심을 전달하기에 지연이 어머니와 나의 거리가 너무 멀었다.

결국, 나는 교실의 갈등을 최소화하고 안전하고 공정한 교실을 만드는 데 최선을 다하겠다는 말밖에 할 수 없었다. 전화를 끊고 한참 동안 책상 위에 이마를 박고 있었다. 아이의 성장을 위해 솔직하게 말할 수 없는 세상이라는 것이 슬펐다.

모든 아이가 서로 다정한 말을 나누며 사이좋게 지내는 교실을 바란다. 나 역시 내 자녀가 따돌림을 당하지 않길 바라고, 오늘도 내일도 그저 학교생활을 즐겁게 하길 바란다. 하지만 아이들의 세계에도 갈등이 있다. 아이들은 서로 부딪치며 배우고 성장한다. 내 아이가 언제나 절대적으로 보호받고 배려받을 수는 없다. 우리 모두는 어쩔 수 없이 서로 조금씩 상처를 주고받으며 갈등하고 해결하며 살아가는 존재이기 때문이다.

부모라면 누구나 내 아이에게 좋은 것만 물려주고 싶고, 좋은 것만 겪게 해 주고 싶을 것이다. 하지만 실패한 경험, 힘들었던 경험, 아팠던 경험 없이 도전, 용기, 끈기, 성공이라는 말을 어찌 배울 수 있을까.

> 저게 저절로 붉어질 리는 없다
> 저 안에 태풍 몇 개
> 저 안에 천둥 몇 개
> 저 안에 벼락 몇 개
>
>   - 장석주,「대추 한 알」중에서

장석주 시인의 시처럼 아이들의 자람도 그런 것이 아닐까. 쨍쨍한 햇볕만으로는 대추를 붉게 익힐 수 없듯이

실패와 갈등을 겪어 본 아이만이 단단하게 성장할 수 있다. 아이들도 안에서부터 천천히 여물어야 한다. 복잡하고 심란한 감정을 만나고, 알아차리고, 건강하게 해소하는 방법을 찾아본 아이는 다음번의 어려운 감정도 다스릴 수 있다.

나는 아이의 성장보다 내 불안을 먼저 해결하려는 부모가 아닌지 돌아보자. 부모의 감정은 아이의 감정을 비추는 거울이다. 불안한 부모가 의존적인 아이를 만든다.

'모르겠어요'라는
말의 이면

4학년이 되면 아이들은 자기 생각을 또렷이 말할 수 있고, 나름의 논리도 생기기 시작한다. 그래서 이 시기의 갈등은 그저 단순한 말다툼이 아니라 제법 진지한 고민에서 비롯되는 경우가 많다. 아이들은 하루에도 몇 번씩 저마다의 중대한 이유를 들고 와서 재판관이 되어 달라고 요청한다. 교사로서 아이들을 중재하는 일은 번거롭지만, 아이들의 감정을 관찰할 수 있는 소중한 기회이기도 하다.

나는 이 중요한 순간을 놓치지 않기 위해 아이들을 유심히 살핀다. 감정을 추스르지 못해 앞뒤 맥락 없이 말하는 아이, 화를 삭이지 못해 눈물을 터뜨리는 아이, 상황은 부풀리고 감정은 숨기는 아이까지. 아이들 대부분은 감정을 표현하는 데 아직 서툴다.

그럼에도 불구하고 자신의 감정을 어떻게든 표현하는 아이들에게는 배움의 기회가 찾아온다. 내 감정을 정돈하고 조리 있게 말하는 법, 불편한 마음이 일어나더라도 상대의 감정을 기다리며 들어주는 태도를 배운다. 대화를 통해 나의 감정을 알아차리고, 미처 생각하지 못했던 친구의 마음을 헤아리는 법, 사과하고 용서하며 너그러운 마음을 꺼내는 경험도 한다. 아이들은 이런 경험들을 쌓으면서 삶에 꼭 필요한 가치와 태도를 차근차근 익혀 나간다.

하지만 내가 진심으로 걱정하는 아이들은 감정을 표현하지 않는 아이들이다. 이 아이들은 "모르겠어요"라는 말로 감정을 숨긴다.

"그때 네 기분이 어땠어?"

"친구는 어떤 마음이었을까?"

"어떻게 하면 네 마음을 표현할 수 있을까?"

이런 질문에도 그저 고개를 숙인 채 "모르겠어요"라고 답할 뿐이다.

감정을 들여다보고 표현하는 연습이 부족한 아이들은 복잡한 감정을 마주할수록 더욱 피하려고 한다. 때로는 화내거나 짜증을 부리기도 하고, 때로는 "모르겠어요"라는 한마디로 감정을 밀어낸다. 하지만 내 감정이 왜 생겼는지 이해하지 못하면 상대의 감정 역시 짐작하기 어렵다. 친구와의 갈등에 수학 문제처럼 딱 떨어지는 정답이 있는 것도 아닌데 "모르겠어요"라는 말로 밀어내는 닫힌 감정 안에서는 해답을 찾을 여지가 없다.

아이들이 "모르겠어요"라고 말하는 또 다른 경우는 정말 아무 감정도 느끼고 싶지 않은 무기력함에 빠져 있을 때다. 기쁘지도 않고, 화도 나지 않는다. 수업 시간 내내 멍하니 앉아 있거나 졸기도 하고, 어떤 활동에도 관심이나 의욕을 보이지 않는다. 이런 아이들과의 갈등은 대개 활동에 제대로 참여하지 않으면서 생겨난다. 수업이 너무 어렵거나 재미가 없거나 혹은 다른 이유가 있을 수 있지만, 그 이유를 알아내기란 쉽지 않다.

교직 경력이 오래된 나에게도 이런 아이들은 여전히

어렵다. 대부분은 감정을 드러낼 수 없는 가정환경에서 자라며 어려움을 겪고 있는 경우가 많다. 안타깝게도 이런 경우엔 학교에서 해결책을 찾는 데 한계가 있다. 부모가 적극적으로 아이를 관찰하고, 학교와 협력하여 전문가의 도움을 받으려는 노력이 없다면 실질적인 해결은 요원하다.

그러나 모든 "모르겠어요"가 같은 뜻은 아니다. 어떤 아이들은 단지 말을 꺼내기 어려운 소극적인 성격일 뿐이기도 하다. '내가 잘못 말하면 친구들이 날 어떻게 생각할까?' 하는 걱정과 불안이 큰 아이들이다. 이런 경우에는 무엇보다 교실에서의 꾸준한 격려와 기다림이 중요하다. 이 아이들은 1년 동안 부모와 교사의 지속적인 관심만으로도 눈에 띄는 변화를 보여 준다.

감정을 감추거나 감출 수밖에 없는 아이들을 만나면 마음이 아프다. 아이들이 일부러 모르는 상태를 고집하는 건 아닐 것이다. 아직은 감정을 관찰하고 표현하는 방법을 익히지 못했을 뿐이다. 이럴수록 곁에서 천천히 감정을 표현하는 연습을 도와줄 필요가 있다. 내 감정을 알아차리고 표현할 수 있을 때 비로소 나도 소중하고, 타인도 소중한 존재임을 알게 된다. 그렇게 너와 나로 연결된 세상은 훨씬 더 따뜻하고 흥미로운 공간이 된다.

나는 아이들의 얼굴에 다채로운 감정의 빛깔이 피어나길 바란다. 때론 감정을 표현하는 것이 서툴러 붉으락푸르락하더라도 자신의 감정을 솔직하게 표현하고, 친구의 감정에도 따뜻한 호기심을 품길 바란다. 감정을 드러내는 일이 두렵지 않고 감정을 건강하게 표현하는 법을 배우며 솔직한 마음을 내보였을 때 누군가 따뜻하게 들어줄 거라는 믿음이 자라는 교실, 그리고 그 믿음이 살아 숨 쉬는 사회. 그것이야말로 우리가 함께 만들어가야 할 다양성을 존중하는 문화의 시작이 아닐까.

아이의 감정에
휘둘리지 않고 공감하기

강이가 초등학교에 입학한 후 몇 년 동안, 나 역시 불안감이 높은 엄마였다. 거절을 어려워하고 남의 기분을 지나치게 신경 쓰는 아이가 학교생활을 잘 해낼 수 있을지 늘 걱정이었다. 혹시 친구들에게 따돌림을 당하지는 않을까 하는 학부모들의 흔한 불안은 경력 많은 교사조차 피할 수 없는 감정이었다.

코로나19가 한창일 때, 강이는 카드 마술에 푹 빠져 있었다. 매일 영상을 보며 연습하고 가족 앞에서 마술을 보여 주었다. 가족들이 점점 시큰둥한 반응을 보이자 아이는 친구들에게 보여 줄 생각으로 등교하는 날만 손꼽아 기다렸다. 아이는 한동안 신나게 학교에 다녔다. 그런데 어느 날부터 언뜻언뜻 이런 말을 했다.

"엄마, 친구들이 내가 마술을 보여 주면 '주작이네'라고 해요."

"엄마, 오늘 친구가 나보고 '관종'이라고 했어요."

"엄마, 내가 친구한테 곧 내 생일이라고 말했는데, 그 친구가 '그게 뭐?'라고 했어요."

처음엔 지나가는 말처럼 들리기도 했고, 간단히 툭툭 내뱉기만 하길래 물어보지 않았다. 하지만 며칠간 비슷한 말을 계속 들으니 아이가 "엄마" 하고 부를 때마다 무슨 얘기를 할지 몰라 심장이 쿵쿵 뛰기 시작했다.

'아이의 한마디로 교실의 상황을 단정 짓지 말아야 한다'는 말은 내가 학부모 상담에서 자주 하는 조언이었다. 교실의 전반적인 상황을 보지 못하는 부모들은 아이의 몇 마디 말로 학교생활 전체를 판단하곤 한다. 하지만 아이의 말은 종종 맥락이 빠져 있어서 정확한 상황을 보여 주지 못한다. 그런 사실을 잘 알기에 내 아이의 말에는 가급적 필터를 두고 판단하려고 노력했다.

'그래, 이건 흔한 일이야. 아마 쉬는 시간에 아이들이 우르르 밖으로 뛰쳐나가는 상황에서 마술을 보여 주려 했겠지. 그 짧은 시간에 마술을 봐 주는 건 쉽지 않았을 거야. 이건 내 교실에서도 자주 볼 수 있는 모습이야. 모든 친구와 잘 지낼 순 없어. 성향이 다 다르니까.'

교실 상황을 머릿속으로 그려 보며 불안을 가라앉히려 애썼다. 아이들이 성향에 따라 무리 지어 노는 것은 자연스러운 현상이라는 걸 오랜 경험을 통해 이미 알고 있었기 때문이다. 그 무리가 고정불변하지 않다는 사실도 알고 있었다. 아이가 크게 상심하지 않는 한 내가 먼저 나서서 호들갑 떨며 대처하는 건 오히려 도움이 되지 않을 거라는 전문가다운 생각도 빼놓지 않았다.

나는 교사와 엄마라는 두 역할 사이에서 균형을 잡기 위해 애썼지만 고민은 쉽사리 해결되지 않았다. 결국, 아이가 여러 차례 비슷한 이야기를 꺼내자 진지한 대화가 필요한 순간이 왔음을 느꼈다. 이럴 때는 다시 교사 경력 20년의 직관력이 발동한다.

수업이 일찍 끝나는 날, 일부러 아이와 햄버거를 먹기로 약속했다. 가게에 도착하자마자 내 걱정스러운 표정을 눈치챈 아이는 서서히 자신의 속마음을 풀어놓기 시작했다. 평소에 아무렇지 않아 보였던 아이의 마음속에는 꽤 많은 감정이 쌓여 있었다.

"친구들이 네 마술을 봐 주지 않아서 속상했어?"

"네."

"친구들이 네가 열심히 준비한 걸 알아주길 바랐구나."

"네. 사실 처음에는 좀 봤는데, 제가 실수하니까 그 뒤로는 도망갔어요."

"아, 실수를 했구나."

"친구들 앞에서 '우아!' 소리를 듣고 싶었는데, 자꾸 잘 안 돼서…."

"속상했겠다. 집에서 연습도 많이 했는데… 친구들이 도망갔을 때 너를 싫어한다고 느꼈어?"

"아니요. 친구들은 원래 밖에 나가 놀거나 축구하는 걸 좋아해요. 근데 저는 축구는 별로 하고 싶지 않아요."

"그럼 친구들이 일부러 너를 피하거나 싫어하는 건 아니었구나?"

"네, 그렇진 않아요. 그냥 제가 친구들이랑 놀 때도 있고, 혼자서 마술 연습할 때도 있어요."

누가 아이에게 주작이라고 했는지, 왜 친구들이 그랬는지 더 묻고 싶었지만, 꾹 참고 아이의 감정에만 귀를 기울였다. 덕분에 아이는 솔직한 감정을 쏟아 냈고, 자신의 욕구와 감정을 스스로 정리할 수 있었다. 친구들이 자신의 마술을 봐 주기를 바라는 마음과 함께, 자신이 축구를 좋아하지 않는 성향도 다시 한번 자각하게 되었다. 어떤 특별한 조언이나 지시를 하지 않았지만 아이는 앞으로 어떻게 할지 생각해 보겠다고 말했다.

아이와의 대화는 나에게도 큰 의미가 있었다. 아이의 부정적인 말에만 집중하니 불안이 커졌고, 그 불안이 아이의 친구 관계와 학교생활에 대한 걱정으로 이어졌다. 하지만 그날 아이의 이야기를 충분히 들어주자 혼자 끌어안고 있던 불안감이 점차 가라앉았다.

그날의 햄버거는 아이와 함께 먹은 가장 맛있는 음식으로 기억될 것이다. 우리는 도란도란 이야기하며 앞으로도 고민이 생기면 누구라도 먼저 '햄버거 데이트'를 신청하기로 약속했다.

부모는 아이가 부정적인 감정을 드러낼 때 흔들릴 수

밖에 없다. 아이의 몇 마디 말에 휘둘려 서둘러 개입하는 대신 그 감정의 본질을 함께 들여다보는 일이 필요하다.

"왜 그랬어?", "누가 그랬어?"라는 추궁보다 "속상했구나.", "그랬을 수도 있겠네."라는 공감이 먼저여야 한다. 아이의 마음을 물어보고 차근차근 짚어 주며 스스로 감정을 인식하게 도와주면 아이는 자기 상황을 좀 더 객관적으로 바라본다. 그렇게 공감 대화에 익숙해진 아이들은 감정조절력과 문제해결력이 높아진다.

부모의 세심한 관찰과 따뜻한 질문, 조용한 대화의 힘이 아이를 단단하게 만든다. 감정을 스스로 이해하고 말로 꺼내는 법을 배운 아이는 결국 자기 언어로 자신의 삶을 살아갈 수 있다.

재능의 씨앗을 움트게 하는 '감정조망형' 칭찬

내가 초등학교 6학년일 때 담임 선생님의 권유로 전국 일기공모대회에 나가 상을 받은 적이 있다. 그 상은 내 유년 시절에 받은 유일한 글쓰기상이었다.

사실 처음엔 망설였다. 가족 외식을 하는 일도 체험 활동을 하러 가는 일도 거의 없던 내 일기장엔 특별한 이야기가 없었다. 가족들과 나눈 소소한 대화, 학교에서 있었던 자잘한 사건들. 그저 그런 일상을 꾹꾹 눌러 담은 글이 전부였다. 그런 평범한 일기장을 꺼내어 누군가에게 보여 준다는 게 부끄러웠다.

하지만 놀랍게도 선생님은 그런 소소한 이야기를 담

은 일기에서 가치를 발견하셨다. 솔직한 감정이 살아 있는 대화체에서 진짜 '나'라는 아이를 보셨는지도 모른다. 매일 일기를 쓰는 게 귀찮을 때도 있었지만, 돌이켜 보면 일기장은 내향적이었던 내가 유일하게 감정을 분출하는 창구였다.

매일 집에만 있는 생활에 대한 불만과 부끄러움이 내 안의 작은 재능의 씨앗마저 덮고 있던 그때, 선생님은 잊을 수 없는 칭찬을 해 주었다.

"네 일기는 정말 재밌어. 넌 평범한 일상도 정말 재밌게 쓰는구나. 나중에 커서 김수현 같은 작가가 되렴."

당시 크게 유행하던 드라마 〈사랑이 뭐길래〉는 초등학생인 나도 즐겨 보던 드라마였기에 그 말이 엄청난 칭찬임을 알았다. 특별하지 않은 일상을 재미있게 엮어 낸 작가의 능력을 열세 살 어린이가 알 리는 없었지만, 선생님의 한마디는 움츠러들었던 내 안의 가능성에 날개를 달아 주었다.

그 순간부터 글쓰기가 좋아지기 시작했다. 나에 대한 부끄러움을 이겨 내자 비로소 내가 좋아하고 잘하는 것이 보이기 시작했다.

칭찬의 힘은 위대하다. 그중에서도 아이의 움츠러든 감정을 읽고, 그 감정 위에 가능성을 조망하는 칭찬은 더욱 위대하다. 나는 그런 칭찬을 '감정조망형 칭찬'이라 부른다.

흔히 우리는 칭찬을 할 때 결과보다는 과정을 칭찬하라고 배운다. 나는 거기에 한 가지를 덧붙이고 싶다. 아이의 감정을 읽고, 그 감정과 아이의 잠재적 능력을 결부시켜 칭찬하는 것이다. 단순히 "잘했어"라고 칭찬하는 것이 아니라 아이가 느끼는 감정과 내면의 동기, 그에 따른 노력을 이해하고 공감하며 잠재적 가능성을 일깨워 주는 칭찬, 그것이 바로 감정조망형 칭찬이다.

작은아이 산이는 어릴 적부터 목소리가 유난히 컸다. 말을 잘하지 못할 때조차도 '아' 한 음절로 형을 제압할 만큼 높고 긴 소리를 냈다. 치열한 장난감 쟁탈전 중에도 '저 녀석 소리통 참 크네. 나중에 노래하면 잘하겠다'는 생각이 절로 들 정도였다.

하지만 산이는 의외로 내성적이고 조용한 아이였다. 자신을 드러내는 것을 꺼렸다. 기대했던 크고 맑은 소리는 점점 사그라들었고, 난 아이의 재능에 대한 관심을 서서히 접었다.

그러던 중, 1학년이 된 산이가 방과 후 동요 수업을 듣게 되었다. 선생님께서 아이의 소질을 알아보시고, 연습하면 음악경연대회에 나갈 수 있을 것 같다고 했다. 아이의 가능성을 알아보는 분이 있다는 사실에 마음이 설레었지만, 곧 걱정이 뒤따라왔다.

'산이가 대회에 나가겠다고 할까? 억지로 시킬 순 없는데….'

아이는 뜻밖에도 담담하게 말했다.

"나, 나가 볼래요."

기뻤고 한편으로 놀라웠다. 하지만 그 후로 산이가 집에서 노래를 부른 적은 단 한 번도 없었다. 부끄럽다고 했다.

'정말 산이가 무대에서 노래를 부를 수 있을까? 가사를 잊고 울진 않을까? 대회 전날 포기하지는 않을까?'

머릿속은 걱정으로 가득했다.

대회 당일, 오랜 시간 연습해 온 아이들의 노랫소리가 울려 퍼졌다. 아이들의 목소리는 청아했다. 그 순간 산이보다 내가 더 움츠러들었다. 드디어 산이 차례가 되었고, 나는 숨을 죽였다. 산이는 무대로 천천히 걸어 나와 준비한 곡을 끝까지, 떨림 없이 불렀다. 내가 걱정한 상황―가사를 잊고 울거나 얼어붙은 채 서 있는 모습―은 일어나지 않았다. 심지어 상까지 받았다. 큰 상은 아니었지만 아이에게는 충분히 빛나는 성취였다.

"산아, 안 떨렸어? 부끄럽지 않았어?"

"생각보다 별로 안 떨리던데요? 사람도 그렇게 많지 않았고요."

덤덤하게 대답하는 아이를 보며 문득 깨달았다. 길에서 반 친구를 마주쳐도 뒤로 숨던 아이에게도, 매일 엘리베이터에서 인사해 주는 이웃을 피해 몸을 숨기던 부끄럼쟁이에게도, 자신을 표현하고 싶은 욕구가 있다는 사실을.

그동안 아이가 조용한 성격이기에 무대라는 공간은 어울리지 않는다고 여겼다. 하지만 아이는 스스로 좋아하는 걸 알아차릴 줄 알았고, 표현하고 싶은 마음도 품고 있었다. 단지 그 마음을 꺼내 보여 줄 수 있는 용기가 없던 것뿐이었다.

나는 그날, 산이에게 가장 진심 어린 칭찬을 해 주고 싶었다. 결과나 상보다 더 중요한, 아이의 감정과 그 안에 담긴 재능을 일깨우는 칭찬을 하고 싶었다.

"와, 우리 산이 열심히 연습해서 상도 받고, 정말 대견해. 그런데 엄마가 더 칭찬해 주고 싶은 건 네가 잘할 수 있는 걸 부끄럽다는 이유로 피하지 않은 거야. 그 용기가 정말 대단하다고 생각해."

그러자 아이가 웃으며 말했다.

"헤헤, 엄마. 저 노래 좀 잘하는 것 같아요."

단 한 번도 자신의 노래를 들려주지 않던 아이의 입에서 그런 말이 나왔다는 것만으로 충분히 감동을 받았다. 아이는 자신의 내면에 있던 가능성을 조용히 발견해 가고 있던 것이다. 나는 확신했다. 감정조망형 칭찬은 아이가 자신의 재능을 발견하는 데 큰 힘이 된다는 것을.

내게 그 위대한 칭찬을 해 준 선생님도 그저 따뜻한 말 한마디를 건넨 것뿐이었는지 모른다. 하지만 그 말은 내 안에 작은 씨앗이 되었고, 나는 계속 글을 써 나갔다. 지금까지도 글을 쓰며 내가 어떤 사람인지 알아 가는 중이다.

자신의 욕구와 감정을 발견하고 긍정하는 일은 아이에게도 어른에게도 결코 쉬운 일이 아니다. 잘하는 것이 있더라도 그것이 좋아하는 재능임을 확신하기까지 어려움이 뒤따른다. '내가 정말 잘하는 걸까? 더 잘하는 사람이 많은데? 이게 정말 내가 좋아하는 걸까? 잘하지 않는데 좋아해도 될까?' 하는 내면의 수많은 의심과 두려움이 자라나는 재능의 씨앗을 눌러 버린다.

그래서 초등 시기에 무엇보다 중요한 과제는 부정적인 감정들로 덮여 있는 내 안의 '재능 씨앗'을 발견하는 일이다. 아이의 감정을 읽고, 그 감정의 이면에 있는 가능성을 바라보며 던지는 한마디, 감정조망형 칭찬은 아이가 성장하는 동안 숨은 재능의 씨앗을 키우는 은은한 빛이 되어 줄 것이다.

감정을 이끄는 아이

어린 시절, 나는 키가 작고 내성적인 아이였다. 표현은 서툴지만 하고 싶은 건 많은 아이였다. 그런 내가 봉사 위원 선거에 나가겠다고 결심했을 때 주변 사람들은 의아한 시선을 보냈다. 엄마도 내가 봉사 위원 선거에 나가는 것을 반대했지만 나는 기어코 도전했고 운 좋게 당선되었다.

어느 날 선생님은 내게 '아이들을 조용히 시키라'는 임무를 주고 교실을 비우셨다. 두렵기도 했지만 학급 대표의 위상을 보여 주고 싶었던 나는 있는 힘껏 외쳤다.

"조용히 해 주십시오, 조용히 해 주세요!"

하지만 교실은 점점 더 시끌벅적해졌다. 떠드는 친구들을 조용히 시키는 일은 쉽지 않았다. 선생님은 떠드는 사람의 이름을 칠판에 적으라고 했지만 이마저도 굉장한 용기가 필요했다. 누구 이름을 적을지 판단하려면 공정함은 물론 뛰어난 기억력까지 요구되었기 때문이다.

용기를 내어 몇몇 친구들의 이름을 적었지만, 곧 불만에 찬 아이들이 칠판 앞으로 몰려나왔다.

"왜 내 이름을 적었어!"

아이들이 따지자 나는 억울한 마음이 치밀어 결국 울음을 터뜨렸다. 아직도 보관하고 있는 5학년 일기장에는 그때 속상했던 감정이 고스란히 적혀 있다.

5학년 정후를 만난 해에는 내 어린 시절을 더욱 선명하게 떠올릴 수 있었다. 정후를 좀 더 깊이 이해하기도 했다.

정후는 조용하고 신중한 아이였다. 쉬는 시간에도 늘 책을 읽었고, 아는 것이 많았다. 특히 과학 지식이 풍부해 수업 시간마다 친구들에게 쉽게 설명해 주곤 했다. 친구들은 정후가 똑똑하다며 입을 모아 칭찬했다.

정후의 성격은 반듯했다. 규칙을 잘 지켰고 공정을 중시했으며 정의감으로 가득했다. 자신이 바르게 생활하는 만큼 친구들의 잘못된 행동도 지나치지 않았다. 친구들 사이의 갈등 상황이나 위험한 행동을 내게 와서 차분히 알려 주고 갔다. 덕분에 내가 미처 알아채지 못한 상황을 알게 되는 경우도 종종 있었다.

2학기가 되자 정후는 자연스럽게 반장이 되었다. 활달한 성격은 아니었지만 그동안 쌓은 신뢰 덕분에 친구들도 기꺼이 정후를 반장으로 뽑아 주었다. 그러나 반장이 되고 난 뒤 정후는 점점 지쳐 보였다. 정후에게 정의로움은 최고의 미덕이었는데, 그것이 오히려 정후를 힘들게 했다. 전에는 지나칠 수 있었던 사소한 일도 '반장'이라는 책임이 더해지자 무겁게 다가온 것이다.

정후는 친구들의 잘못된 행동을 자주 지적했고, 말투도 점점 날카로워졌다. 감정이 격해질 때는 화를 내기도 했다. 처음에는 정후의 말에 동의하던 친구들도 시간이 흐르면서 "잔소리가 심하다"며 불만을 털어놓기 시작했다. 정후와 친구들의 사이가 점차 벌어지자 학급 분위기에도 균열이 생겼다.

나는 조용히 정후를 불렀다.

"정후야, 요즘 반장 하는 거 어때?"

"힘들어요, 선생님."

"어떤 게 가장 힘들어?"

"친구들이 제 말을 안 들어요. 잘못된 행동을 하지 말라고 하면 반장이 잔소리한다고 뭐라고 하니까 속상해요."

"그랬구나. 친구들이 네 마음을 몰라줘서 많이 힘들었겠다."

"괜히 반장 했나 봐요."

정후의 말에 오래전 내 모습이 겹쳐 보였다.

"정후야, 선생님도 너만 할 때 반장을 했어. 그때 친구들이 말을 안 들어줘서 울기도 했단다."

정후가 놀란 눈으로 나를 바라봤다.

"진짜요?"

"응. 그런데 선생님이 되고 보니 아이들이 떠드는 건 당연한 일이더라. 정후도 떠들고 싶을 때가 있지?"

"네, 저도 같이 웃고 싶고 이야기하고 싶어요. 그런데 반장이니까 참아야 할 것 같아요."

"선생님은 그런 정후가 참 고맙고 기특해. 정후야, 모든 친구의 감정과 행동을 네 뜻대로 할 수 없단다. 그럴 필요도 없고, 그래서도 안 되는 거야. 선생님은 정후가 친구들과 조금 더 편하게 지내면 좋겠어. 친구들도 그런 정후를 더 좋아할 거야. 친구들의 잘못된 행동은 선생님이 알아서 할게."

정후는 내 말을 잘 이해했다. 그날 이후, 친구들과 놀 때에는 잘못된 행동을 지적하기보다 장난처럼 웃으며 넘기기 시작했다. 화가 나더라도 숨을 고르고 감정을 다스리는 법을 조금씩 익혀 갔다. 정후는 천천히, 리더로 성장하고 있었다.

어린 시절 학급을 이끄는 리더로서의 경험은 지금까지도 내게 중요한 깨달음을 남겼다.

'모든 아이의 감정과 행동을 내 뜻대로 할 수는 없다. 내 감정을 다스릴 수 있을 때, 비로소 아이들의 마음이 보인다.'

이 말은 학급 경영자로서 내가 늘 마음에 새기며 되뇌는 교훈이다.

어린 시절의 나를 떠올리며 지금의 아이들을 관찰하고 이해하는 일은 여전히 의미 있다. 시대가 변하며 많은 것들이 달라졌지만, 변하지 않는 것도 있다. 그것은 바로 아이들의 순수한 마음이다. 잘하고 싶은 마음을 가진 아이들은 내가 힘들 때마다 나를 교사로 버티게 하는 원동력이 되어 준다. 정후도 언젠가 자신의 5학년 시절을 떠올리며 미소 짓는 날이 올까? 그렇다면 교사로서 그보다 더 큰 보람은 없을 것이다.

감정 조절력을
키워 주는 한마디

"안 돼요! 안 된다고요!"

사인펜 뚜껑이 잘 닫히지 않자 기영이는 얼굴을 잔뜩 붉히며 사인펜을 책상에 내던졌다. 기영이의 목소리가 교실에 울려 퍼졌다.

3학년 기영이는 밝고 순수하지만 감정 조절이 쉽지 않은 아이였다. 작은 일에도 종종 화를 내곤 했다. 어떤 날은 사인펜 뚜껑이 잘 안 닫힌다고 화를 내고, 또 다른 날은 실내화가 커서 자꾸 벗겨진다고 짜증을 냈다. 마음을 가다듬고 다가가 선생님과 같이 해 보자며 도와주려 해도 막무가내로 굴었다.

기영이의 거친 행동을 혼자 바로잡기엔 역부족이었다. 부모님께 전화 상담을 요청했고, 기영이의 행동을 자세히 말씀드렸다. 어머니는 좋은 분이었다. 이전 담임 선생님으로부터 이미 기영이에 대한 이야기를 들은 적이 있다고 하셨고, 걱정도 많아 보였다. 하지만 왜 기영이가 감정을 주체하지 못하는지에 대해서는 말을 아끼셨다.

그러던 어느 날, 기영이가 수업 시간에 치른 단원평가 시험지를 찢어 쓰레기통에 버렸다. 기영이에게 이유를 묻자 이런 대답이 돌아왔다.

"이 점수로 들고 가면 어차피 혼나요."

그 말이 내내 마음에 걸렸다. 나는 어머니께 대면 상담을 요청하고 찢어진 시험지를 보여 드렸다.

기영이 어머니는 상담 중에 울먹이셨다. 기영이 아버지가 많이 엄하다고 하셨나. 기영이가 감정을 조절하지 못하는 이유는 아버지의 엄격한 양육 태도 때문인 듯했다. 그로 인해 기영이는 자연스러운 감정을 억누른 것 같았다. 반드시 잘해야 한다는 압박감이 실패에 대한 두려움을 키웠고, 이는 좌절로 이어졌다. 좌절은 분노를 낳았고, 분노는 또다시 실패로 연결되는 악순환을 만들었다. 그 결과, 기영이는 작은 일에도 반발심을 느끼며 '어차피 안 될 거야.'라는 부정적인 생각에 갇혀 있었다.

어머니는 진심 어린 걱정과 함께 기영이를 잘 키우고 싶다는 마음을 전하셨지만, 나는 그 순간 어떤 말을 건네야 할지 막막했다. 문제를 근본적으로 해결할 방법이 떠오르지 않았고, 기영이를 돕고 싶은 마음과 내가 할 수 있는 일의 한계 사이에서 고민이 깊어졌다.

'교사로서 무엇을 할 수 있을까?'

가정환경을 바꾸는 건 불가능하지만 학교에서 내가 할 수 있는 부분을 찾아야 했다.

'기영이에게 가장 필요한 건 뭘까?'

생각 끝에 내린 결론은 하나였다.

'학교에서만큼은 기영이가 편안하게 숨 쉬며 해냈다는 기쁨을 느끼게 해 주자.'

그 후 나는 1년 내내 기영이를 격려하고 공감하면서 행동을 바꾸려 애썼다. 때로는 꾸짖기도 하고 다독이기도 했다. 작은 변화를 보였지만, 무너지는 날도 많았다.

그러던 겨울 학기 말, 아이들과 굴렁쇠를 굴리던 날이었다. 멀리서 기영이의 짜증 섞인 목소리가 들렸다.

"아, 왜 이렇게 안 되지? 이거 막대기가 안 맞는 거 같은데."

나는 일부러 달려가지 않고 멀리서 조용히 기영이를 지켜봤다. 평소 같으면 벌써 굴렁쇠를 내팽개쳤을 기영이가 이번엔 바구니에서 다른 막대를 꺼내 끼웠다. 몇 번의 시도 끝에 굴렁쇠가 굴러가자 아이의 얼굴에 환한 미소가 퍼졌다.

"선생님, 돼요! 저 돼요!"

나는 기영이에게 한달음에 달려갔다. 기영이가 스스로 무언가를 해내고 기뻐하는 모습을 본 건 그때가 처음이었다.

"기영아, 어떻게 한 거야? 혼자서 해낸 거야? 정말 멋지다!"

나도 덩달아 감정이 격해져서 기영이를 얼싸안았다. 그 순간 마음속에서 한마디가 강렬하게 솟구쳤다.

'아, 너도 잘하고 싶었구나!'

1년 동안 기영이 때문에 속앓이를 많이 했다. 설명해

주고 도와주고 꾸짖고 타이르며 온갖 애를 썼지만 금방 나아지지 않는 모습에 좌절하기도 했다. 아이의 감정 조절력을 키우려다 오히려 내 감정 조절력을 시험한 날들이었다. 그런 남모를 날들 뒤에 처음으로 만난 아이의 변화는 내 가슴을 뭉클하게 했다.

그 후로 어긋난 행동을 보이는 아이들을 바라보는 내 시선은 달라졌다.

'모든 아이는 잘하고 싶어 한다. 그 마음을 꺼낼 수 있게 도와주자.'

친구를 밀치거나 잘못을 속이거나 고자질하는 아이들의 행동 뒤에도 잘하고 싶은 마음이 숨어 있다.

"그래, 그랬구나. 너도 잘하고 싶었던 거지?"

격려의 말을 건네면 아이들의 마음은 마법의 핫팩을 갖다댄 듯 따스하게 녹는다. 마음이 녹으면 어긋난 채 딱딱하게 굳어 버린 행동도 유연해진다.

아이들은 자신의 감정을 알아채지 못할 때가 많다. 잘하고 싶은 마음과 인정받고 싶은 마음이 크지만 행동으로 옮기는 방법을 몰라 종종 어긋난 행동을 보인다.

이럴 때 답답한 마음에 화가 나기도 하지만 '어떤 아이가 꾸중을 들을 목적으로 행동할까?'라고 생각하면 아이들의 마음을 더 깊이 이해할 수 있다.

아이들의 선한 마음을 믿고 인정해 주는 것, 감정을 공감하면서도 행동의 기준과 한계를 명확히 제시해 주는 것, 그 안에서 아이가 스스로 해낼 수 있도록 격려하고 돕는 것. 이것이야말로 아이가 자신의 감정을 조절하고 성장하도록 이끄는 중요한 출발점이다.

관찰 돋보기

 ## 감정 관찰을 위한 실제적인 팁

1. 아이의 감정 표현 연습을 도와주는 방법

① 감정에 이름 붙이기

욕구가 충족되고 기운이 차오를 때의 감정

감동한	안심되는	기쁜	편안한
설레는	명랑한	흥미로운	용기가 생기는
고마운	반가운	즐거운	자신에 찬
기대되는	상쾌한	활기찬	호기심이 생기는
놀라운	만족스러운	차분한	믿음이 생기는

욕구가 충족되지 않고 기운이 떨어질 때의 감정

답답한	외로운	부끄러운	고민스러운
걱정되는	속상한	미안한	슬픈
겁나는	피곤한	불안한	짜증 나는
화나는	실망한	불편한	지루한
긴장되는	억울한	당황스러운	의심스러운

* 위 내용은 마셜 B. 로젠버그 『비폭력 대화』 중 욕구에 따른 느낌말 목록을 아이들의 눈높이에 맞게 재구성했습니다.

② 아이와 감성노트 함께 쓰기

부모와 아이가 감성노트를 교환 일기처럼 주고받으며 써 보세요. 서로의 감정을 돌아보고 공감할 수 있는 기회가 됩니다.

• 엄마의 감성노트

2025. 4. 13(일)

★ **감정**: 편안한 (오늘 우리 가족 모두 건강하기 때문에)
★ **성장 다짐**: 오늘 가족에게 '사랑한다'고 말하기
★ 오늘의 배움: 사랑한다고 표현하는 것이 어려웠지만 한번 하고 나니 용기가 생겼다. 내일도 말해야겠다.

• 아이의 감성노트

2025. 4. 13(일)

★ **감정**: 피곤한 (숙제를 두 개나 해야 하기 때문에)
★ **성장 다짐**: 오늘 꼭 밀린 숙제를 다 하고 자겠다.
★ 오늘의 배움: 미리 숙제를 안 하면 다음 날 더 힘들어진다는 것을 알았다. 그래도 숙제를 다해서 마음이 개운하다.
이제 숙제를 제때 해야지.

---

2. 아이가 감정을 부정적으로 드러낼 때 공감 대화법
: 공감 대화를 통해 아이의 자존감과 문제해결력 키우기

1단계. 행동 뒤에 숨은 감정 파악하기

① 감정을 불러일으킨 상황 파악하기

감정을 일으킨 대상보다 감정이 흘러간 상황에 집중하며 아이의 감정이 부정적으로 변화하게 된 지점을 파악합니다. "그때 어떤 기분이 들었어?"라고 조심스럽게 물어보면 아이는 자기만의 이유를 들려줄지도 모릅니다. 그 이유 속엔 아이의 감정이 고스란히 담겨 있지요.

② 감정의 근원 찾기

아이가 부모에게 보여 주는 감정이 화나 짜증처럼 느껴질 수 있어도, 그 안에는 좌절, 불안, 두려움, 억울함, 속상함, 외로움, 시기심, 수치심, 죄책감 등 아이가 말로 표현하지 못한 감정들이 숨어 있을지도 모릅니다. 겉으로 보이는 감정만 보고 판단하기보다는 아이가 정말 느끼는 감정이 무엇인지 찾아가는 과정이 중요합니다.

2단계. 감정에 공감하며 대화하기

① 아이의 감정을 먼저 들어주기

감정을 넘겨짚지 않고, 아이가 전하는 말을 있는 그대로 들어줍니다. 감정 자체에는 옳고 그름이 없습니다. 다만 그 감정을 어떻게 표현하느냐는 배워야 할 부분입니다. 아이의 감정에 '그럴 수도 있겠다'는 태도로 반응해 주면 아이도 깊은 속마음을 보여 줄 것입니다.

② 판단 없이 질문하며 공감 표현하기

감정을 관찰한 후 평가를 섞지 않고 감정을 받아 주면 아이는 마음의 문을 조금씩 엽니다. "내가 제대로 이해했는지 모르겠는데 ○○ 해서 화가 난 거야?" 하고 확인하는 질문으로 대화를 이어 가는 것이 좋습니다. 단, 질문할 때는 정보를 캐내려는 목적보다 아이를 이해하고 싶다는 마음이 우선이어야 합니다.

③ 감정을 털어놓은 용기에 고마움 표현하기

아이에게 "마음을 솔직히 말해 줘서 고마워."라고 해 주세요. 감정을 표현하는 일이 신뢰를 쌓는 일임을 알게 됩니다.

3단계. 해결책 함께 찾기

① 아이가 먼저 해결 방법을 말할 수 있게 기다려 주기

"그럼, 앞으로 어떻게 하면 좋을까?" 하고 아이의 생각을 물어보세요. 스스로 감정을 돌아보고 말로 정리하는 과정에서 아이 스스로 해답을 찾는 경우가 많습니다. 아이가 제안한 방법이 미숙하더라도 일단 존중해 주세요. 필요할 때 부모가 조심스럽게 도와주면 됩니다.

② 부모가 먼저 판단하거나 조언하지 않기

어른의 잣대로 문제를 분석하고 단번에 해결책을 던지는 것은 아이에게 비난처럼 들릴 수 있습니다. 공감 대화의 목적은 문제 해결뿐 아니라 아이의 자존감 회복에 있다는 걸 잊지 않아야 합니다. 아이가 '나는 괜찮은 사람이야'라는 믿음을 가질 때 어떤 문제라도 조금씩 풀릴 수 있습니다.

일상 적용 예시 1

아이: 나 이제 축구 안 할 거야! (소파에 털썩 앉더니 울음을 터뜨린다.)

엄마: 축구하다가 속상한 일이 있었구나. 무슨 일이 있었는지 말해 줄래?

아이: 나랑 정훈이가 우리 반에서 축구를 비슷하게 잘하는데, 아이들이 다 정훈이가 축구 1등이라고 해요. 나도 잘하는데… 내가 더 잘할 때도 있는데….

엄마: 축구 1등이라고 인정받지 못해서 속상하구나. 그런데 너 전에 줄넘기 1등이라고 자랑했잖아?

아이: 그래도 전 축구를 가장 좋아한단 말이에요. 축구 1등이 가장 좋은 거라고요.

엄마: 축구를 더 잘해서 인정받고 싶은 거구나. 그럼 이제부터라도 1등이 될 수 있는 계획을 세워 보는 건 어때?

아이: … 아빠한테 주말에 축구하러 가자고 해 볼까요?

엄마: 그거 좋은 생각인데!

아이: 그래도 난 줄넘기랑 피구도 잘하니까 괜찮아요.

엄마: 맞아, 사람마다 잘하는 게 다르니까. 우리 축구공 미리 꺼내 놓자. 주말에 바로 나가서 연습할 수 있게!

일상 적용 예시 2

아이: 선생님은 저만 싫어하는 것 같아요. 저만 발표를 안 시켜 줘요.

엄마: 오늘 수업 시간에 무슨 일이 있었니?

아이: 제가 손을 계속 들었는데, 선생님이 발표를 안 시켜 줬어요. 제가 가장 먼저 들었는데.

엄마: 답을 알고 있었는데 말하지 못해서 속상했던 거니?

아이: 네. 제가 맞히면 점수를 얻어서 우리 팀이 이길 수 있었는데, 선생님이 다른 팀을 시켜 줬어요.

엄마: 게임에서 이기고 싶은 마음이 컸구나. 그런데 혹시 평소에도 선생님이 널 싫어하는 것처럼 느낀 적이 있니?

아이: … 아니요.

엄마: 그럼 오늘은 게임에서 져서 선생님 마음을 오해한 건 아닐까?

아이: 네…. 게임에 져서 속상했던 것 같아요.

엄마: 그랬구나. 다른 사람의 마음을 오해하지 않으려면 어

떻게 하면 좋을까?

아이: 이유를 물어봐요.

엄마: 그래, 상대방에게도 나름의 이유가 있을 수 있으니까 먼저 물어보면 오해가 생기지 않을 수 있지. 다음에는 그렇게 해 보자.

4장

관계 관찰

갈등에서 시작하라

현명한 부모는 아이가 필요한 순간에
조용히 손을 내밀 준비가 되어 있는 사람이다.

오늘은 손절
내일은 단짝

"선생님, 저 오늘 민경이랑 손절했어요."
"어? 어제까지 잘 지냈잖아."
"그렇긴 한데 요즘 문제가 좀 있었거든요."
손절이라는 말에 심장이 철렁 내려앉았다.
'이제 겨우 5월인데 남은 시간을 어떻게 지내려는 거지?'
손절이라는 두 글자에 담긴 의미를 어떻게 받아들여야 할지 머릿속이 복잡했다. 평소저럼 진지해지기 시작했다.
초등학생이 말하는 '손절'은 절교를 의미한다. 이 단어에는 친구 사이의 아주 사소한 오해에서부터 크고 작은 갈등까지 무궁무진한 사연이 담겨 있다. 그러나 그 뜻을 안다고 해도 '관계를 끊는다'는 단호하고 명료한 언어가 주는 충격을 쉽게 넘길 수는 없었다.

아이들은 친구 관계를 얼마나 진지하게 받아들이는 걸까? 초등학생에게 친구란 공부보다 중요한 세계이다. 그걸 알기에 아이들이 "손절했어요"라고 말할 때마다 나는 가볍게 반응할 수 없다.

경력이 적었을 땐 "요즘 애들은 절교를 참 쉽게 한다니까!" 하며 마치 하나의 유행인 것처럼 치부했다. '시대가 변했으니 어쩔 수 없지'라며 아이들을 이해하려고 노력하지 않았다. 그런데 문득 돌아보니 내 어린 시절에도 그런 감정의 선 긋기는 있었다. 손절이든 절교든 단어만 다를 뿐 의미는 비슷했다.

예나 지금이나 아이들은 관계를 맺으며 세상을 배운다. 시대가 달라지고 감정이 복잡해졌다고 해도 관계를 맺고 끊는 과정에서 아이들은 자신과 타인을 이해한다.

친구 관계를 쉽게 싹둑 자르다가도, 딱풀로 척척 붙이듯 쉽게 복구하는지 이해하기 어려울 때도 많다. '꼭 그렇게까지 해야 하나? 조금 더 진지하게 생각해 볼 순 없을까?'라는 마음이 들기도 한다.

어른들의 시선에서 아이들의 관계는 얕고 가벼워 보일 수 있다. 그래서 이렇게 충고하고 싶어진다.

"인간관계는 그렇게 쉽게 맺고 끊는 게 아니란다."

뭔가 도와주고 싶고 대신 나서고 싶다. 하지만 아이들의 관계는 감정과 욕구로 얽힌 복잡한 그물이다. 그런 관계를 어른의 판단으로 정리하려는 건 무의미하다. 대부분의 갈등은 이해관계가 아닌 단순한 감정의 충돌에서 비롯되기 때문이다.

아이들은 서로 부딪치며 배운다. 관계를 어떻게 더 단단히 붙이는지, 혹은 자르지 않아도 되었던 관계의 절취선을 어떻게 지우는지 말이다.

그렇기에 아이들의 손절은 단순히 관계를 포기하는 게 아니다. 오히려 자신과 타인의 다름을 인식하고 조정하려는 의지를 담은 선포에 가깝다.

"너랑 안 놀래. 친구는 필요 없어."

이 말 속에는 사실 이런 감정이 숨어 있다.

"지금은 힘들어. 잠깐 멈추고 싶어."

"너랑 다시 잘 지내고 싶은데, 어떻게 해야 할지 모르겠어."

손절은 아이들이 친구와 관계를 맺고 싶은 마음을 실험하고, 실패하며 성장해 가는 여정의 일부이다.

아이들은 또래의 관심과 인정 속에서 의미 있는 존재가 되고 싶어 한다. 단짝 친구를 갈망하는 아이들은 그런 욕구에서 더 자주 손절을 말한다. 어떤 아이들은 반 친구들과 두루두루 지내며 안정감을 얻지만, 또 어떤 아이는 단짝과 깊은 관계에서 자신의 존재를 확인한다. 감정에 예민한 아이일수록 더 깊은 관계를 원하고, 그만큼 더 자주 갈등을 겪는다.

물론 이런 갈등 과정에서 손절이 반복되며 문제가 생기기도 한다. 하지만 동시에 그런 경험을 통해 관계의 소중함을 깨닫고, 타인을 이해하는 힘도 기른다.

그렇다면 아이가 친구와 손절했다고 말할 때, 부모는 어떤 태도를 보여야 할까? 부모는 아이가 친구 문제로 속상해할 때마다 바로 도와주고 싶다. 하지만 섣부른 개입은 아이에게 필요한 배움의 기회를 앗아 갈 수도 있다.

'단짝이 꼭 있어야 할까? 없어도 괜찮을까?'

아이들은 지금 이 순간에도 고민하고 부딪치며 배운다. 손절의 아픔을 겪으며 스스로 답을 찾아가고 있다. 그 모습을 보는 부모는 마음이 아플 수밖에 없지만 진중하게 기다려 주는 자세가 필요하다. 그래야 아이는 책상에 앉아 곰곰이 생각한다.

'다시 이어 볼 수 있을까? 어떻게?'

부모가 아이의 친구 관계에 무심하라는 말이 아니다. 오히려 아이의 친구 관계를 세심히 관찰하라는 말이다. 아이가 자신의 감정을 이해하고 표현하며 건강한 방식으로 관계를 맺고 있는지 잘 살펴야 한다. 그게 진짜 '관계 관찰'의 출발점이다.

그러기 위해선 먼저 아이의 감정을 이해하고 공감할 수 있어야 한다. 아이가 감정을 다독이며 헝클어진 관계를 돌아볼 수 있도록 따뜻한 말을 건네 보자.

"네가 친구의 관심을 받고 싶었구나."

"불안한 마음이 어디서 시작되었는지 생각해 볼까?"

"친구에게 잘해 주고 싶은 마음이 컸구나."

그리고 관계 맺음에서 꼭 필요한 가치들을 전해 주며 스스로 해결할 수 있도록 북돋워 주자.

"마음을 솔직하게 표현하지 않으면 친구도 모를 수 있어."

"친구의 마음은 네가 마음대로 할 수 있는 게 아니란다."

"네가 마음을 준 만큼 돌아오지 않을 수도 있단다."

"하지만 믿음을 주면 친구는 자연스럽게 찾아올 거야."

관계를 맺는 일은 아이들이 반드시 통과해야 할 성장의 관문이다. 토라지고 싸우고 다시 화해하면서 아이들은 관계의 소중함을 배운다. 어른의 묵직한 조언보다 한 번의 실수가 더 큰 가르침이 되기도 한다.

어른의 세계가 이해관계로 얽힌 복잡한 바둑판이라면 아이들의 세계는 잘못 자른 절취선을 풀로 붙여가며 배우는 종합 연습장이다.

현명한 부모란 엉성하게 자르고 붙인 연습장을 따뜻하고 유연한 마음으로 봐 주되, 꼭 필요한 순간에 조용히 도움의 손을 내밀 준비가 되어 있는 사람이다.

부모는 모르는
내 아이의 사생활

 교실에서 아이들의 친구 관계를 관찰하다 보면 뜻밖의 장면을 마주할 때가 있다. 성향이 비슷한 아이들끼리 어울릴 거라 예상하지만, 의외로 정반대의 성향을 지닌 아이와 단짝이 되는 경우도 많다. '혹시 반대라서 더 끌리나?' 싶어 가만히 지켜보면 그 안에서 아이의 또 다른 얼굴을 발견하게 된다.

 산이도 마찬가지였다. 누구보다 산이의 성격을 잘 알고 있다고 생각했지만, 집 안에서 보던 모습과는 전혀 다른 아이가 밖에서 존재하고 있었다. 그 사실을 알게 된 건 아이가 새 유치원에 입학하면서부터였다.

산이는 낯을 많이 가리고 조용한 편이었다. 집에서는 형에게 덤비고 아빠에게 장난도 치지만, 밖에 나가면 전혀 다른 모습이었다. 이웃들이 반갑게 인사해도 눈만 껌뻑이고, 친구를 만나도 말 한마디 건네지 못했다. 엄마이자 선생님인 나로서는 때로 민망하고 속상했다.

"아는 사람이 인사를 건네면 받아 주는 거야. 그게 예의야."

여러 번 알려 줘도 쉽게 고쳐지지 않았다. 부끄러워서 그렇다고 하니 억지로 강요할 수도 없는 노릇이었다. 시간이 해결해 주기를 기다릴 수밖에 없었다.

아이의 성향이 이렇다 보니 이사하고 나서 유치원을 옮길 때, 친구를 사귀지 못할까 봐 걱정이 이만저만이 아니었다. 유치원 생활이 조금 익숙해졌을 무렵에 담임 선생님과 상담을 했다. 가장 먼저 묻고 싶었던 것은 친구 관계였다.

"선생님, 산이가 낯을 많이 가리는데 혹시 친구들과 잘 지내고 있나요?"

돌아온 대답은 뜻밖이었다.

"아니에요, 어머님. 친구들과 장난도 잘 치고 얼마나

활발한데요. 특히 경훈이랑 무척 친해요."

"네?"

순간 귀를 의심했다.

'경훈이라니?'

선생님은 이어 말했다.

"어제는 바깥 놀이 시간에 친구들이 나뭇가지를 꺾어 오길래 제가 주의를 줬거든요. 그랬더니 산이가 제 눈치를 살피더니 다른 친구들에게 하지 말자고 말리는 거예요. 그러자 친구들이 산이 말을 따르더라고요. 그 모습을 보며 산이가 참 멋지다고 생각했어요."

그 말을 들은 순간, 나는 멍해졌다. 조용하고 소극적이라 여겼던 산이가 친구들에게 영향력을 미치고 있다니 믿기지 않았다. 경훈이와 단짝이라는 사실은 더더욱 놀라웠다.

사실 경훈이는 입학식 때 가장 먼저 눈에 띈 아이였다. '선생님 손이 많이 가겠는데' 하는 생각이 직업병처럼 불쑥 올라왔다. 그런 경훈이와 산이가 단짝이라니, 쉽게 이해할 수 없었다.

'산이는 자신에게 없는 무언가에 끌린 걸까? 엄마인

내가 모르는, 친구들과의 관계에서만 드러나는 성격이 따로 있을까?'

혼자만의 생각으로는 답이 나지 않아 조심스레 산이에게 물었다.

"산아, 유치원에서 가장 친한 친구가 경훈이야?"
"응."
"그 친구랑 있으면 뭐가 좋아?"
"같이 놀면 좀 재밌어."
"수업 시간에 심하게 장난치고 그러지 않아?"
"아닌데…?"

그날 아이와 대화를 나누면서 또 한 번 '아차' 하는 마음이 들었다. 내 아이의 성격을 속속들이 안다고 믿었던 것부터 착각이었다. 게다가 남의 집 아이의 성격까지 내 기준으로 단정하고 선을 그은 태도는 참으로 부끄러웠다. 교사인 내가 엄마인 나를 조용히 꾸짖었다.

부모는 언제나 아이 곁에 좋은 친구가 함께하길 바란다. 하지만 좋은 친구의 기준은 지극히 부모의 시선일 뿐이다. 공부를 잘하는 아이, 내 아이에게 맞춰 주는 아이, 조용한 아이, 자극을 주는 아이…. 그 모든 기준은 부모의 바람이지 아이의 선택이 아니다.

아이들은 친구 관계에서 이해득실을 따지지 않는다. 그저 마음이 가는 대로, 즐거운 감정이 이끄는 대로 관계를 맺는다. 부모는 모르는 아이들만의 세계인 것이다.

특히 초등 시절의 친구 관계는 끊임없이 변한다. 반이 바뀌면 멀어지고, 옆자리에 앉으면서 친해지기도 하고, 으르렁거리며 싸우다가 친구가 되기도 한다. 무리를 이루던 아이가 어느새 단짝 친구와 어울리고, 새로운 친구를 만나면서 조용하던 아이가 활기를 찾고, 산만하던 아이가 차분해지기도 한다.

따라서 부모는 자신의 기준으로 아이의 친구를 섣불리 판단하고 관계를 결정지으려 해서는 안 된다. 아이들은 다양한 친구 관계에서 자신의 성향을 발견하고 성장하기 때문이다.

"이 친구랑 놀아라."

"그 친구랑은 어울리지 마라."

이런 말보다 아이가 어떤 사람과 어떤 방식으로 어울리는지 지켜보는 태도가 중요하다. 관계 속에서 드러나는 아이의 성향을 관찰하며 누구에게나 환대받는 아이가 될 수 있도록 올바르게 관계 맺는 태도를 가르쳐 주는 것이 부모의 몫이다.

부모니까 내 아이는 내가 잘 안다는 말은 절반만 맞다. 아이의 마음과 친구 관계를 온전히 아는 부모는 없다. 그렇기에 아이의 세계를 통제하기보다 그 안에서 아이가 어떤 모습으로 성장하는지 열린 마음으로 바라보고 따뜻하게 지원해 주는 것, 그게 바로 부모가 할 수 있는 최선이 아닐까?

가정에서 배우는 규칙의 힘

초등학교 5학년 수학 교과서에는 '규칙과 대응'이라는 단원이 있다. 무리 지은 것들 사이의 관계를 관찰하고, 그 안에서 규칙을 찾아내는 법을 배우는 내용이다.

가만히 들여다보면 이건 단지 수학 개념만은 아니다. 우리의 삶도 다르지 않다. 우리가 이루는 공동체에도 다양한 관계가 있고, 그 안에서 자연스럽게 규칙이 생긴다. 이 규칙을 통해 관계는 원만하고 안정적으로 유지된다. 이처럼 규칙은 함께 살아가는 공동체에서 갈등을 줄이는 약속과도 같다.

아이들이 처음으로 관계를 맺고 살아가는 가장 작은

공동체는 바로 가족이다. 그리고 그 안에서 가장 흔히 벌어지는 갈등은 형제자매 사이에서 비롯된다.

강이와 산이는 여섯 살 터울의 형제이다. 터울이 크다 보니 시기와 질투로 인한 다툼은 적지만 여느 형제처럼 종종 공평함을 둘러싼 갈등이 일어난다.

작년에는 스마트폰 게임으로 인한 다툼이 잦았다. 산이는 일곱 살, 강이는 열세 살이었다. 강이가 초등학교 6학년이 되어 스마트폰을 갖게 된 것이 문제의 시작이었다. 형이 스마트폰으로 게임을 즐기는 모습을 보며 산이는 억울함을 참지 못했다.

"왜 형아만 되고 나는 안 돼요!"

형이 6학년이 되어 스마트폰을 가지게 된 것처럼 너도 6학년이 되면 가질 수 있다고 아무리 달래도 소용없었다. 사실 산이의 진짜 마음은 스마트폰을 당장 갖고 싶은 게 아니었다. 같은 시간, 같은 공간에서 자신만 게임을 하지 못한다는 사실이 억울할 뿐이었다.

"야, 나도 너 나이 땐 핸드폰도 없었고 게임도 못 했어. 너도 빨리 6학년 돼라."

강이는 스마트폰에서 눈도 떼지 않은 채 동생을 약

올렸다.

"내가 어떻게 빨리 6학년이 돼! 형은 내 TV 시간에 옆에 와서 같이 보잖아. 그럼 형도 TV 보면 안 되지. 이건 불공평해."

"너도 내가 게임할 때 옆에서 보잖아. 너도 보지 마."

'둘 다 TV도 보지 말고, 게임도 하지 마!'라고 꾸짖으며 갈등을 끝내고 싶은 마음이 굴뚝같았지만, 그 방법은 해결책이 될 수 없다는 걸 알았다. 매일 반복되는 갈등의 뿌리를 들여다봐야 했다.

무엇보다 중요한 건 터울이 큰 두 아이의 서로 다른 감정을 제대로 읽어 주는 일이었다. 아직 '나' 중심으로 세상을 바라보는 일곱 살 산이의 억울함도, 청소년기로 접어든 강이의 독립성도 모두 존중받을 필요가 있었다.

부모가 된다는 건 끊임없이 기준을 세우고, 때로는 무거운 판단을 내려야 하는 상황에 놓이는 일이다. 특히 아이들의 갈등 상황에서는 더더욱 그러하다. 내 아이를 위해 최선의 선택을 하는 과정은 사소한 일이라도 쉽지 않다. 하지만 분명한 건 그런 과정에서 흔들릴 때마다 숲을 보는 양육이 필요하다는 사실이다.

'나만의 양육 원칙은 지키되 두 아이의 관계도 무너지지 않게 하자!'

나는 아이의 정서적 안전을 위해 스마트폰 사용 시기를 늦추는 걸 양육의 대원칙으로 세웠다. 산이의 억울함을 덜어 주기 위해 그 원칙을 무너뜨릴 수는 없었다. 하지만 산이의 감정을 외면할 수도 없었다.

어떻게 아이의 마음을 다독여 줄지를 고민한 끝에 두 아이 모두 공감할 수 있는 새로운 규칙을 만들었다.

- 형은 동생이 없는 공간에서 게임을 한다.
- 형은 동생이 TV를 볼 때 간섭하지 않는다.
- 주말에 가족이 함께 영화를 볼 때 영화 선택권은 동생에게 준다.

산이의 억울함을 해소하기 위해 강이에게 지나친 제한을 두기보다는 산이에게 특권을 주는 방향으로 규칙을 정했더니 두 아이 모두 받아들였다. 산이에게는 '아직 스마트폰 게임은 허용할 수 없다'는 엄마의 원칙을 솔직히 설명하고, 대신 다른 방식으로 네 감정을 이해하고 있음을 알려 줬다. 아이는 자신이 주도권을 갖게 되었다는 사실에 만족하며 점차 억울한 감정을 내려놓았다. 그 후로 두 아이는 게임으로 갈등을 빚지 않았다. 작은아이는 형이 옆에서 게임을 하더라도 그러려니 하고 받아들이며 다른 놀거리를 찾았다.

가정에서 일어나는 형제간 갈등은 어른의 눈에는 사소해 보일 수 있다. 그래서 '네가 형이니까 양보하면 안 되겠니?' 혹은 '동생이니까 당연히 형을 따라야지.'라며 부모의 권위를 내세워 그때그때 상황을 해결하기 쉽다. 하지만 이런 방식은 갈등의 근본 원인을 해결하지 못한 채 아이들의 불만만 키울 수 있다.

아직 공감 능력이 충분히 발달하지 않은 아이들은 상대의 감정이나 상황을 폭넓게 이해하지 못한다. 그러므로 공정한 규칙이 반드시 필요하다.

이때 중요한 것은 구성원이 합의하여 규칙을 만들어야 한다는 점이다. 합의된 규칙은 공정하다는 믿음을 형성하고, 공정함은 공동체 안에서 원만하게 갈등을 해결하는 데 중요한 요소가 된다.

모든 배움은 가정에서 시작된다. 아이들은 가정에서 공정함을 배우고, 그 경험을 바탕으로 사회성과 대인 관계 능력을 키워 간다. 가정에서 규칙을 세우고, 그 규칙을 바탕으로 갈등을 해결해 본 경험은 학교에서도 친구들과 건강한 관계를 맺는 데 밑거름이 된다.

오늘도 반복되는 자녀의 갈등을 지나치지 말고 아이들의 사회성을 기르는 배움의 열쇠로 삼아 보면 어떨까.

관계 안에서
더욱 빛나는 강점

지금까지 내 품을 거쳐 간 아이들이 수백 명에 이른다. 굵직한 인상을 남기고 간 아이도 있고, 비눗방울처럼 잠깐 스치듯 기억 속에 머문 아이도 있다. 모든 아이가 선명히 기억나지는 않지만, 저마다의 강점과 사랑스러움을 지니고 있었다는 사실 하나는 확실하다. 힘들었던 아이를 떠올리더라도 그 아이가 보여 준 단 하나의 빛나는 순간은 분명히 존재했다.

보통 재능이나 소질이 돋보이는 아이들은 그 자체로 빛난다. 줄넘기를 잘하거나 악기 연주를 잘하는 아이, 수학 문제를 잘 풀거나 발표를 잘하는 아이는 눈에 띈

다. 교과와 상관없더라도 유머나 재치, 남다른 끼가 이목을 끌기도 한다. 이런 강점은 겉으로 잘 드러나기에 칭찬을 받으면 더욱 강화된다.

하지만 어떤 강점은 섬세하게 관찰하지 않으면 알아채기 어렵다. 친구가 힘들 때 따뜻하게 위로하거나 준비물을 흔쾌히 나누어 주거나 모둠 활동에서 양보하고 타협하는 모습은 눈에 잘 띄지 않는다. 이런 강점은 학교생활에서 매우 소중하지만 주목받기 어려워 칭찬받을 기회도 적다.

드러나든 드러나지 않든, 모든 아이의 강점은 그 자체로 고유하고 소중하다. 특히 어린 시절에 발견한 강점은 아이가 진로를 찾아가는 출발점이 되기도 한다. 그렇기에 교사로서 아이들의 강점을 발견하고 빛내 주는 일은 무척 의미 있고 보람차다. 나는 아이들의 숨은 강점을 발견할 때마다 희열을 느낀다. 그럴 때는 '아, 교사가 되기를 잘했구나' 하는 생각이 차오른다.

반면 아이들의 강점이 빛을 발하지 못하는 모습을 볼 때면 안타까운 마음이 든다. 아쉽게도 강점이 빛을 잃는 이유는 대부분 관계 맺음에 있다. 아무리 뛰어난 재능도 관계에서 생긴 갈등이나 공감 부족으로 인해 약점으로 비춰지기도 한다.

성호는 유머 감각이 뛰어나고 외향적인 아이였다. 친구들을 웃기는 데 재능이 있었고, 활기 넘치는 성격으로 수업 활동에 활력을 불어넣었다. "춤으로 표현해 볼 사람?"이라는 질문에 늘 가장 먼저 손을 들었고, 성호 덕분에 망설이던 친구들도 칠판 앞으로 나와 용기를 냈다. 그러나 수업 시간의 중심이었던 성호가 친구들 사이에서는 외로움을 느꼈다. 외향적이고 재미있는 성호가 왜 친구들과 잘 어울리지 못하는지 의아했다.

성호가 친구들과 노는 모습을 유심히 살피던 중 이유를 알게 되었다. 성호는 장난이 지나쳤고 친구들의 기분을 잘 살피지 못했다. 놀이 중에도 친구들을 웃기고 싶어서 무리하게 분위기를 만들었다. 보드게임 중에 체격이 큰 친구가 주사위를 밀리 던지자 놀리기 시작했다.

"야, 너 오늘 또 밥 많이 먹었냐? 많이 먹으니까 주사위가 저렇게 나가지."

처음에는 친구들도 웃었지만 그런 상황이 반복되자

점점 성호를 멀리했다.

성호의 그런 모습이 안타까워 이야기를 나누었다. 먼저 유머 감각과 활기 넘치는 성격이 성호에게 얼마나 소중한 강점인지 이야기해 주고, 친구들의 감정을 배려하는 마음이 관계를 맺는 데 중요하다는 점도 덧붙였다. 성호는 내 이야기를 잘 이해했고, 이후 조금씩 변하기 시작했다. 친구의 기분을 살피고, 지나친 장난을 자제하며 자신의 강점을 더욱 빛내는 법을 배워 갔다.

성호와는 반대로, 말수가 적은 영민이는 친구들 사이에서 늘 인기가 많았다. 영민이는 질문이나 발표를 거의 하지 않았고, 수업 중에도 눈에 띄지 않는 아이였다. 하지만 체육 시간만큼은 달랐다. 교과 전담 선생님께서 들려주신 이야기로 알게 된 영민이의 강점은 뛰어난 운동 실력이었다. 구기 종목과 줄넘기에 능숙했고, 팀 경기에서도 두각을 나타냈다. 그러나 영민이가 친구들 사이에서 더욱 돋보인 이유는 따로 있었다. 팀 활동 중에도 늘 친구들을 배려하고, 부족한 친구에게 조용히 다가가 도와주곤 했다. 친구의 실수를 비난하기보다 격려하며, 모두가 즐거운 분위기를 만드는 데 힘썼다. 영민이의 강점은 단순히 운동 실력에 그치지 않고 배려심을 통해 더 빛을 발했다.

성호와 영민이는 각자의 강점이 있었다. 그러나 성호는 관계에서 자신의 강점을 살리지 못했고, 영민이는 관계 속에서 강점을 더욱 빛나게 했다. 이를 보며 깨달았다. 강점은 단순한 재능의 문제가 아니며, 강점이 빛을 발하기 위해서는 관계 맺는 태도와 공감 능력이 뒷받침되어야 한다는 사실을 말이다.

다양한 사람과 긍정적인 관계를 맺는 능력을 '사회성'이라고 부른다. 대부분의 사람들은 외향적인 아이가 사회성이 좋고, 내향적인 아이는 그렇지 않다고 생각한다. 하지만 사회성은 성격이 아닌 태도의 문제이다. 아이가 친구와의 관계에서 자신의 감정을 조절하고, 상대의 감정을 공감하며 존중하는 능력을 지녔는지가 더 중요하다.

공동체에서 관계를 잘 맺는 능력은 누구에게나 필요하다. 강점은 관계 속에서 빛나고, 관계를 통해 성장한다. 혼자라면 강점과 약점을 구분할 이유조차 없을 것이다. 그러므로 부모는 아이의 강점이 빛날 수 있도록 올바르게 관계 맺는 태도를 알려 줘야 한다. 친구를 배려하고, 친구의 마음에 공감하며, 혼자 잘하는 것이 전부가 아니라 함께 잘할 수 있도록 노력하는 마음이 아이의 성장을 이끄는 가장 강력한 무기가 될 것이다.

관계 맺음과
공부 정서

~~~~~

 교실에서 아이들을 찬찬히 보고 있으면 '저 집 부모는 아이를 어떻게 키웠을까?' 하는 생각이 드는 아이가 있다. 처음에는 그냥 궁금하기만 하다가 어느 순간, 마음 한쪽에서 샘이 난다. 인성도 좋고 공부까지 잘하는 아이들을 보면 교사인 나조차 질투심이 불쑥 올라오는 것이다.

 '공부를 잘한다'는 말은 단순히 학업 성취도가 높다는 뜻은 아니다. 공부를 대하는 태도가 좋다는 뜻이다. 초등학생 때에는 앞으로 이어질 배움의 여정에서 그 아이가 얼마나 안정적인 태도로 공부를 대하는지를 보는 것이 중요하다. 나는 이것을 '공부 정서'라 부르고 싶다. 오랜 시간 아이들을 가르치다 보니 공부 정서의 기초를 이미 갖춘 아이들이 보인다.

그렇다면 공부 정서를 갖춘 아이는 어떤 모습일까?

수업이 시작되기 전에 책을 펴 놓고 준비하는 아이, 시키지 않아도 노트에 쓰는 아이, 쉬는 시간에 궁금한 것을 질문하는 아이, 수업을 마치면 다음 수업에는 이런 걸 했으면 좋겠다고 말하는 아이가 있다. 이 아이들은 단순히 똑똑한 것이 아니라 자율성을 갖춘 아이들이다.

모둠 활동에서도 마찬가지다. 스스로 할 수 있는 일을 찾아내고 맡은 역할을 책임감 있게 해내는 아이, 어떤 활동이 주어져도 즐겁게 참여하는 아이가 있다. 외향적이든 내향적이든 상관없다. 자신의 강점으로 모둠에 어떻게 기여할 수 있는지를 알고 최선을 다한다.

이런 아이들을 보면 공부 정서가 무슨 뜻인지 모른다 해도 '공부할 때의 마음가짐이 안정되어 있구나'를 느낄 수 있다.

반면 그 반대의 경우도 자주 본다.

"선생님, 그거 왜 해요?"

"그냥 안 쓰고 넘어가면 안 돼요?"

"그거 학원에서 다 해서 아는 건데요."

"무슨 말인지 모르겠는데요."

이런 말을 습관처럼 내뱉는 아이들이 있다. 무언가를 시작하기도 전에 불만을 터뜨리고 스스로 해 보려는 시도 없이 도움부터 구한다.

가끔은 모둠 활동으로 프로젝트형 과제를 낼 때가 있다. 조사 계획을 세우고, 간단한 UCC를 제작하거나 함께 발표를 준비하게 한다. 기한은 보통 1~2주. 그런데 중간 점검을 해 보면 마찰음을 내는 모둠이 꼭 있다. 한 번도 참여하지 않거나 시간 약속을 매번 어기는 아이, 약속을 정할 때부터 "나는 무조건 이 시간은 안 돼."라며 자기 일정만을 고집하는 아이. 공동의 책임을 가볍게 여기고 협업 자체를 어렵게 만드는 아이들이 꼭 있다.

오랜 기간 교직에 있으면서 나는 공부 정서가 잘 자리 잡힌 아이들을 꾸준히 보았다. 사실 '공부 정서'라는 말이 생기기 전부터 교사의 눈에 빛나던 아이들의 모습은 지금과 크게 다르지 않았다. 그 아이들은 바로 협업의 잠재력을 갖춘 아이들이었다.

많은 사람이 입을 모아 말하는 '미래 사회의 핵심 역량'인 협업 능력. 그 중심에는 결국 관계 맺음을 잘하는 능력이 있다. 관계 맺음을 잘하는 아이들은 자기 역할과 타인의 역할 사이의 불균형을 조화롭게 만들며 문제를 해결하는 과정인 협업에 능하다. 협업은 쉽지 않다. 이는 고도의 사회성과 관계 기술이 필요한 일이기 때문이다. 하지만 그런 역량이 잘 자리 잡힌 아이는 혼자 공부하든 함께 과제를 하든 막힘없이 해낸다. 그저 똑똑한 게 아니라 공부를 해낼 수 있는 기반이 단단하기 때문이다.

관계를 잘 맺는 아이들은 자율성이 있어서 자신이 해야 하는 일을 스스로 판단하고 책임진다. 또 자기조절능력이 있어서 자신이 좋아하지 않는 일이라도 전체적인 상황을 고려하며 받아들인다. 자신에게 불합리한 상황은 무조건 수용하지 않고 의견을 내어 조율하려고 노력한다.

공부 정서를 갖춘 아이들의 공통점은 또 있다. 바로

도덕성이 바탕이 되어 있다는 점이다. 도덕성이라는 말이 조금 막연하게 들릴 수 있다. 하지만 내가 이 책에서 제시한 관찰의 네 가지 영역-놀이, 감정, 관계, 학습-을 살펴보면 도덕성과 공부 정서 사이의 연결 고리를 쉽게 이해할 수 있다.

아이들은 '놀이'를 통해 자기조절력과 사회성의 기초를 다진다. 이어 자신의 '감정'을 인지하고 타인의 감정에 공감하며 갈등을 유연하게 해결하는 힘을 기른다. 그 위에 '관계'를 통해 타인과 조화를 이루고, 다시 '학습' 속에서 자신을 바라보는 힘을 기르며 자기를 확장해 나간다. 이 모든 과정에서 인내, 배려, 존중, 너그러움, 자기 성찰과 같은 도덕적 가치들이 함께 자라난다. 이런 내면의 힘들이 '공부 정서'라는 이름으로 서서히 모습을 드러내는 것이다.

공부 정서가 안정되어 있을 때, 아이의 주도성은 저절로 자란다. 그리고 주도성이 샘솟을 때 학습은 비로소 내 삶으로 향하는 진짜 공부가 된다.

내 아이가 공부를 잘하길 원하는가? 그렇다면 이제

는 아이의 관계 맺음을 돌아볼 때이다. 아이의 친구 관계를 살펴보고, 위에서 말한 능력과 가치들이 탄탄하게 자리 잡아 가고 있는지 관찰해야 한다.

관계 맺음을 잘한다는 것은 친구가 많다는 것을 뜻하지 않는다. 학교생활을 즐거워하고, 갈등이 생기더라도 바람직하게 해결하려는 태도를 보이는 것이다. 공부를 잘한다는 것 역시 시험 점수가 높은 것만을 의미하지 않는다. 자신이 알고 있는 것을 기꺼이 나누고, 함께 해결책을 찾아가는 협업의 자세를 가졌는지가 더 중요하다.

나는 오늘도 생각한다. 결과로 보여 주는 능력보다 그 안에 깃든 가치와 가능성을 알아보고 싶다고. 화려한 성과에 연연하지 않고 아이의 내면을 바라보며 키워 내는 심지가 단단한 부모이고 싶다. 그런 세상이 먼저 와야 할지, 아니면 나부터 먼저 변해야 할지, 오늘도 마음으로 분투하며 아이를 바라본다.

관찰 돋보기

 관계 관찰을 위한 실제적인 팁

1. 저학년(1~3학년)

① 관계 맺음의 특징
- 단짝이 있거나 없습니다.
- 단짝이 자주 바뀌기도 합니다.
- 흥미 중심으로 무리가 만들어집니다.
- 무리가 고정적이지 않습니다.
- 성별에 관계없이 잘 어울립니다.

② 관계 관찰에서 중요한 포인트
이 시기는 관계 맺기의 기본 덕목을 배우는 시기임을 기억하세요.

- **약속하기와 지키기**: 지킬 수 있는 약속을 하고, 그 약속에 책임을 지는 연습이 필요합니다.

- **들은 이야기를 퍼뜨리지 않기**: 아직 상황 판단력과 공감 능력

이 부족해 전해 들은 말을 퍼뜨리는 일이 많습니다. 왜곡되는 경우도 있어 갈등으로 쉽게 이어집니다.

- 친구의 잘못을 지적하지 않기: 자신의 잘못을 모면하거나 칭찬받기 위해 친구를 비난하거나 고자질하는 경우가 많습니다.

- 친구의 몸과 마음의 경계 존중하기: 3학년쯤 되면 자신의 감정을 좀 더 세분화하여 인지하기 시작합니다. 반면 친구의 감정을 공감하고 이해하는 능력은 부족하지요. 절제하는 능력이 부족해 충동적으로 행동하는 경향도 보입니다. 친구의 몸과 마음에도 경계가 있음을 알려 주면 좋습니다.

- 감정이 곧 관계를 의미하지 않음을 기억하기: 이 시기 아이들은 감정 변화가 무척 빠릅니다. 방금까지 친했다가도 금세 미워지고, 다시 친해지는 일이 반복됩니다. 감정을 인식하거나 표현하는 능력이 아직 미숙하기에, 친해지고 싶으면서도 밉다고 말하는 경우도 많습니다. 아이의 감정이 관계를 절대적으로 반영하지 않는다는 사실을 기억해 주세요.

2. 고학년(4~6학년)

① 관계 맺음의 특징
- 또래 무리를 형성하고 그 안에서 관계를 맺기 시작합니다. 특히 여자아이들은 단짝 친구와 함께 다니는 경향이 두드러집니다.
- 놀이의 성향이 성별과 흥미에 따라 확연히 달라집니다.
- 자기주장이 강해지는 시기로, 갈등이 잦습니다.

② 관계 관찰에서 중요한 포인트
감정을 나누는 깊은 관계를 맺는 법을 배우고, 자신과 잘 맞는 친구를 찾아가는 시기임을 기억하세요.

③ 관계 관찰 대화법
관계는 유동적이고 복잡해서 정답이 없습니다. 아이의 이야기를 듣다 보면 상황도 감정도 단번에 이해하기 어려운 경우가 많습니다. 이럴 때는 직접적인 조언보다 감화로, 해결보다는 공감으로 접근하는 것이 좋습니다.

- 감정을 말로 표현하지 않으면 아무도 알 수 없단다.

- 친구에 따라 감정을 표현하거나 느끼는 방식이 다를 수 있어. 너에겐 별일 아니어도 누군가에겐 큰일일 수 있단다. '그럴 수도 있

겠구나.' 하고 넘기는 너그러움도 필요해.

- 친구 관계는 수학 공식처럼 1을 주면 1을 받는 구조가 아니야. 마음을 줬는데 돌아오지 않을 수도 있고, 한참을 기다린 후에야 마음이 돌아올 때도 있지. 그래도 정말 좋아하는 친구라면 받을 걸 기대하지 않고 네 마음과 믿음을 먼저 전해 보렴. 그러면 언젠가 그 친구도 네게 마음을 열게 될 거야.

- 미워하는 마음을 쌓으면 너만 더 힘들어져. 네 안 깊은 곳에 있는 좋은 마음을 꺼내 봐. 좋은 마음을 자주 꺼내는 사람이 좋은 사람이 되는 거란다.

- 네가 좋은 사람이면 친구들은 자연스럽게 네 곁에 모일 거야.

- 이 세상에서 가장 어려운 일이 사람의 마음을 움직이는 거란다. 마음에도 주인이 있어서, 친구의 마음을 네 뜻대로 움직일 수는 없는 거야.

5장

학습 관찰

마음의 불씨를 찾아라

부모가 흔들리지 않는 기준을 세우면
아이는 공부라는 마라톤에서
휘청거리지 않을 힘을 얻는다.

으쓱함이 공부를
시작하게 한다

　책가방을 길게 늘어뜨리고 학교에 가는 아이들의 뒷모습을 보면 내 마음도 같이 푹 꺼지는 것 같다. 좋아하는 것을 참고, 하기 싫은 공부를 억지로 해야 하는 건 어른인 나에게도 고된 일인데 아이들은 얼마나 더 힘들까. 하지만 아무리 힘들어도 끝까지 해내야 하는 일이 공부이다. 그걸 아이들에게 어떻게 설득할까? 공부하려는 마음에 불씨를 지필 수 있다면 얼마나 좋을까? 시작하는 마음의 출발선에도 닿지 못한 아이들의 감정을 이해하는 일은 결코 간단하지 않다.

　5학년 미연이는 학습을 더디게 따라갔다. 설명을 끝

까지 듣지 못했고, 해야 할 과제도 제때 마치지 못했다. 이해되지 않을 때는 다시 물어보기보다 포기하는 쪽을 선택했다. 엎드려 시간을 보내거나 친구들의 활동을 방해하기도 했다. 책상 위에는 교과서 더미와 필기구, 우유갑, 종이 조각으로 어지러웠다. 바닥에도 며칠 전 쓰던 미술 도구, 학습지가 흩어져 있었다. 정리되지 않은 주변 모습은 미연이의 공부 태도와 친구 관계까지 그대로 반영하고 있었다. '산만함'이라는 단어는 미연이의 일상 전체를 둘러싸고 있었고, 그 산만함은 학교생활을 원만하게 하는 데 걸림돌이 되었다. 그건 '주변을 깨끗하게 치워야 공부가 되지!'라는 간단한 말로는 미연이를 결코 공부의 장으로 데려올 수 없다는 뜻과 같았다. 미연이의 시작점은 어디일까? 어떻게 하면 미연이가 공부를 시작할 수 있을까?

그날도 미연이는 지우개가 보이지 않는다고 울먹이며 책상 서랍을 거세게 뒤지고 있었다.

"미연아, 천천히 찾아볼래?"

"못해요. 어떻게 천천히 찾아요! 쉬는 시간도 다 끝나가는데! 이 과제도 지우개가 없어서 이번 시간 안에 다 못 끝낸다고요!"

앞 시간 과제를 책상 위에 헝클어 놓은 채 책과 물건들로 꽉 찬 서랍 속에서 지우개를 찾기란 쉽지 않아 보였다. 평소라면 내 지우개를 건네며 상황을 빨리 마무리했겠지만, 그날은 더 이상 문제를 해결해 줘선 안 되겠다는 생각이 들었다. 상담 선생님과의 대화가 떠올랐기 때문이다.

"산만한 아이들은 일의 선후 관계를 잘 파악하지 못해요. 그래서 물건을 정리하는 것도 힘들죠. 물건을 어디에 둘지 계획하는 것도, 기억해 내는 과정도 어려워해요. 게을러서가 아니라 정말 어렵기 때문이에요."

보통 아이들에게는 "네 자리 좀 정리해."라는 한마디면 충분하지만, 미연이는 함께 해 보는 것이 필요할 수도 있겠다는 생각이 스쳤다.

"미연아, 신생님이랑 천천히 해 보자. 일단 지우개가 안 보이니까 책상 서랍에 있는 걸 다 꺼내 보자."

폭발 직전인 미연이의 감정을 가라앉히기 위해 나는 덤덤한 어조로 하나씩 지시했다. 순서를 이해하고 기억하는 데 어려움이 있다면 그 방법밖엔 없었다. 미연이는 여전히 투덜대며 거칠게 책을 꺼냈다. 책 뒤로 쑤셔 넣은 학습지와 공책, 잃어버렸다던 알림장, 집에서 안 가져왔다던 일기장, 가정통신문, 작은 사탕 봉지와 우유갑이 쏟아져 나왔다.

"이제 쓰레기를 먼저 버리자."
"오늘 안 쓰는 책은 사물함에 넣고."
"집에 가져갈 건 가방에 넣자."

시간이 걸렸지만 기다려 주었다. 이렇게 하고 나니 물건이 훨씬 줄었다. 바닥에 흩어진 책들도 정리되었다. 교과서와 공책, 필통까지 서랍에 넣으니 책상이 깨끗해졌다.

"선생님 이건 어떻게 할까요?"
"아, 이거 여기 있었네."

투덜거리던 미연이도 책상이 정리되는 모습에 뿌듯했는지 추임새를 넣으며 스스로 움직였다.

"그런데 지우개는 안 보이네요."

한결 마음이 가라앉은 미연이는 남들보다 두 배는 복잡했을 이 과정의 시작을 기억해 냈다.

"그러네, 지우개가 책상 안에 없었네."

"괜찮아요. 가방 안에 있을지도 몰라요. 시간이 없으니까 집에 가서 찾아볼게요. 선생님이 지우개 좀 빌려주시면 안 될까요?"

드디어 미연이는 자신의 문제를 해결할 수 있는 다른 방법을 떠올렸고, 나는 흔쾌히 지우개를 건네 주었다.

쉬는 시간이 훌쩍 지났고 아이들이 자리에 앉았다. 깨끗해진 미연이의 책상을 보고 누군가 칭찬을 했고, 미연이도 으쓱하는 모습을 보였다. 그다음 시간 동안, 미연이는 최고의 집중력을 발휘했다. 수업 과제를 해내려고 애쓰는 모습을 보니 뭉클하기까지 했다.

미연이가 공부에 집중하지 못했던 건 정리정돈을 못해서가 아니었다. 정리정돈과 같은 사소한 경험을 통해 스스로 해낸다는 것의 가치를 쌓지 못했기 때문이다.

공부하고 싶은 마음은 자라면서 저절로 생기지 않는다. 그것은 일상에서 작은 성공과 실패를 무수히 반복하면서 쌓아 가는 것이다. 미연이에게는 남들보다 더 잘게 쪼개진 성공의 경험이 필요했다. 그것만이 미연이를 공부의 장으로 데려올 것이었다.

아이들을 가르치다 보면 학습 능력이 높고 낮음을 떠나 어떤 배움이든 그 자체를 즐기고, 주어진 과제를 끝까지 해내려는 태도를 지닌 아이들을 만난다. 이런 아이들을 보며 늘 궁금했다.

공부하고 싶은 마음은 어디서 시작되는 걸까? 그 마음은 '할 수 있다'에서 '재미있다'로 옮겨 갈까, 아니면 '재미있다'에서 '할 수 있다'로 옮겨 갈까?

나는 검증된 결과도 논문의 발표 내용도 아닌, 오직 경험으로 나만의 답을 내렸다. '할 수 있다'에서 '재미있다'로 옮겨 가는 공부가 더 큰 힘을 발휘한다.

'할 수 있다'는 감정은 자기효능감에서 비롯된다. 이것은 단순한 자신감이 아니라 어떤 과제를 해낼 수 있는 자기 능력에 대한 믿음이다. 그 믿음은 '내가 이렇게 해 봤는데 되던데?'라는 경험이 쌓이면서 생긴다. 이런 경험은 불시에 맞닥뜨리는 '해 봤는데 안 되더라!'는 좌절의 경험을 이겨 낼 수 있도록 도와준다.

이와 같은 성공과 실패의 경험을 반복하면서 아이들은 자존감이라는 단단한 정서를 다진다. 그리고 이렇게 단단해진 감정은 '내가 할 수 있는 거라서 재미있어!'라는 감정을 자연스레 끌어당긴다. 해낸 경험이 흥미를 불러오는 것이다.

어떤 배움에서든 이런 과정을 경험해 본 아이는 공부에도 이 경험을 쉽게 전이시킨다. 공부하다가 어려운 과제를 만나면 '해 보니까 되더라' 하는 무기를 자연스레 꺼내 쓰는 것이다.

물론 '재미있다'에서 출발해 '할 수 있다'로 나아가는 아이들도 분명 있다. 과학이 너무 재미있어서 몰입하다 보니 어느새 잘하게 되고, 나중엔 진로까지 이어지는 아이들이 있는 것처럼 말이다.

모든 아이는 다르다. 한 가지 공식은 없다. 하지만 한 가지 분명한 건 있다. 공부를 시작하는 감정에 '억지로'는 들어설 수 없다는 것이다. '재미있다'로 시작하든 '할 수 있다'로 시작하든 자발적으로 생겨나는 감정만이 공부라는 긴 여정을 이끌어 줄 수 있다.

아이들은 누구나 자기 스스로 으쓱한 존재가 되고 싶어 한다. 그리고 부모님, 선생님, 친구들에게 인정받고 싶어 한다. 그 마음이 꺼지지 않도록 지켜 주어야 공부를 한다. '나도 할 수 있어'라는 믿음, '내가 스스로 해냈어'라는 으쓱함이 아이들 스스로 연필을 쥐게 한다.

공부의 실마리, 독서 성향에서 찾다

 책 읽기가 학업 성취를 보장해 준다고 믿지 않았다. 하지만 어릴 적 독서를 통해 느낀 즐거움은 먼 훗날 배움의 즐거움으로 이어진다고 믿었다. 그래서 아이를 키우는 내내 책 읽는 즐거움을 알려 주려고 애썼다.

 아이가 어떤 책을 좋아하는지 무엇에 오래 머무르는지를 살피니 아이의 독서 성향이 조금씩 보였다. 그 성향은 다시 더 넓은 배움의 세계로 나아가는 발판이 되어 주기도 했다.

 큰아이 강이는 어릴 적부터 책을 좋아했다. 집에 있는 시간을 즐기는 성향이라 외출을 권해도 고개를 저으며 책을 찾았다. 전집을 한 질 사면 금세 읽었다. 휴직 기간이라 생활비가 빠듯했지만 아이가 좋아하는 책을 사는 데는 돈을 아끼지 않았다. 자연관찰책, 생활습관 동화, 국내외 창작 동화, 전래동화, 수학 동화, 과학 동화 등 연령대에 맞는 책을 꼼꼼히 검색해 구입했다.

강이는 특별히 가리는 책은 없었지만 감정을 따라가는 동화에 몰입했다. 나는 아직도 기억한다. 강이가 세 살 무렵, 아기 얼룩말이 무리와 이동하다 주저앉아 엄마를 부르는 자연관찰책을 읽다가 눈물을 흘렸다. 그때 난 강이가 책을 통해 감정을 풍부하게 느낀다는 걸 알았다.

강이의 독서 성향은 예민한 청각과도 맞아떨어졌다. 동화 CD를 틀어 놓으면 수도승처럼 꼼짝 않고 앉아 듣다가 나중엔 책을 펴 놓고 토씨 하나 틀리지 않고 따라 읽는 시늉을 했다. 아직 글자를 모를 때였기에 이야기를 듣고 기억하는 능력이 탁월하다는 걸 알았다.

강이는 자라면서 호기심이 많아지고 새로운 걸 좋아하는 성향이 두드러졌다. 책을 읽고 나면 그냥 지나치는 법이 없었다. 책 속 장면을 떠올려 자신만의 역할놀이를 만들었고, 이는 자연스럽게 독후 활동이 되었다. 집

안 곳곳에 있는 물건을 소품 삼아 책 속 이야기를 자기만의 방식으로 재구성했다. 거실은 바다가 되었다가 하늘이 되었고, 이불은 동굴, 소파는 배가 되었다. 다섯 살 강이와 보내는 하루는 늘 책과 함께 흘러갔다.

아이가 초등학교에 들어가면서는 과학 학습만화에 빠졌다. 이내 과학에 흥미를 느끼며 과학 관련 책만 파고들었다. 과학에 대한 호기심은 자연스럽게 학습으로 연결되었고, 이는 말하기 좋아하는 아이의 기질과 어우러졌다. 과학 원리를 설명하는 것을 즐기던 아이는 고학년이 되어서 과학 토론 대회에서 상을 받았다. 강이의 독서 성향을 꾸준히 지켜보며 학습으로 연결하려 했던 시간이 열매를 맺은 순간이었다.

하지만 강이의 독서 성향에서 부족한 점도 보였다. 감정이 담긴 이야기에는 몰입했지만, 사회 현상이나 정보를 알려 주는 책에는 큰 흥미를 느끼지 않았다. 쉽게 말해 문학을 좋아하고 비문학을 멀리하는 스타일이었다. 과학책을 읽어도 특정 주제만 반복했다. 이런 독서 편향으로 정보를 구성하거나 주제를 파악하는 능력은 부족해졌고, 이는 계획을 세워 스스로 공부를 해야 하는 시기에 약점으로 드러났다. 강이에게는 규칙적이고 자기 주도적인 학습 습관을 기르기 위한 노력이 남들보다 더 필요했다.

나는 아이와 함께 공부 계획을 세우는 연습부터 시작했다. 큰 종이에 계획표를 만들어 시각화했다. 계획을 지켰는지 확인하고 짧은 기간 단위로 보상하며 격려했다. 감정에 치우치는 아이를 공부라는 현실의 장으로 데려오기 위해서였다. 또 어린이 신문을 구독하여 함께 읽고 글을 요약하는 연습도 했다. 편향된 독서 습관을 보완하려는 시도였다.

강이의 독서 성향을 지켜보며 독서 습관이 아이의 공부 성향과 흐름을 같이하고 공부 습관의 토대가 된다는 것을 알게 되었다.

작은아이 산이가 태어났을 땐 별다른 고민 없이 독서 환경을 그대로 이어 갔다. 책장 가득 쌓인 책과 육아 노하우만 믿었다. 형이 봤던 책을 연령에 맞춰 꺼내 주기만 하면 될 줄 알았다.

곧 현실의 벽에 부딪혔다. 산이의 독서 성향은 강이

와 완전히 달랐다. 강이에게 효과적인 방법이 산이에게는 전혀 통하지 않았다. 바닥에 재미있는 책을 깔아 두고, 놀이 삼아 책으로 집을 만들어 보고, 엄마와 형이 함께 책 읽는 모습을 보여 줘도 소용없었다. 숫자 익히기에 빨랐던 산이는 책을 단지 순서대로 정렬하는 물건쯤으로 여겼고, 표지나 내용에는 아예 관심이 없었다. 환경이 갖춰져도 책을 좋아하지 않을 수 있다는 사실은 충격이었다.

산이와 함께 책을 읽는 건 쉽지 않았다. 형이 재밌다고 수차례 읽은 책을 들이밀어도 아이는 흥미를 보이지 않았다. 책을 두어 장 읽고 나면 어느덧 엉덩이를 들썩이며 저만치 도망가곤 했다. 스스로 책을 가져오는 일은 드물었고, 같은 책을 반복해서 읽는 일은 더더욱 없었다. 그러다 보니 하루 종일 함께 있어도 자기 전에 겨우 두세 권 읽는 게 전부였다.

6년간 쌓은 모든 노하우가 무용지물이 되던 순간, 처음부터 다시 생각하자 마음먹었다.

'혹시 책장에 책이 가득해서 부담스러운가?'

'조금씩 변화를 줘서 관심을 갖게 하자.'

'욕심을 버리고 천천히, 조금씩 시도하자.'

나는 아이가 읽지 않는 책을 모두 덜어 냈다. 그리고 산이를 위한 책을 따로 구입했다. 자기 책에 대한 애착이 생기도록 했다. 최근에 입소문이 난 인기 전집을 구입해 산이에게 선물하며 기대감을 심어 주었다.

"형아 어릴 때는 없었던 책인데, 이거 진짜 재밌겠다!"

간혹 유치원에서 친구들이 읽은 책에 대해 이야기할 때는 관심을 유도하며 함께 사러 가기도 했다.

이 모든 노력에도 여전히 산이는 마음을 열지 않았다. 하지만 전혀 길이 없는 것은 아니었다. 산이는 강이와 달리 감정을 자극하는 이야기보다 정보에 반응하는 아이였다. 특히 도감류를 좋아했다. 곤충, 나무, 물고기 도감을 보며 책에 나온 그림과 이름을 대조하며 익히는 걸 좋아했다. 아이의 성향을 알고 난 후부터는 주로 지식 책을 권했다. 시작과 끝이 분명하고 구조가 뚜렷한 전래동화도 함께 읽기 시작했다.

조금씩 책에 반응을 보이자 산이와 함께 도서관도 다니기 시작했다. 한 권을 여러 번 읽지 않는 산이에게는 전집보다 단행본이 더 맞겠다는 판단에서였다. 도서관을 낯설어하던 산이는 '500권 읽기 프로젝트'를 통해 성취감을 느끼기 시작했다. 매주 20권씩 책을 빌려 목록을 지워 가며 한 권씩 쌓아 나갔다. 확실한 사실과 눈에 드러나는 정보에 반응하는 산이의 성향은 독서 습관을 만드는 데도 그대로 작용했다.

이후 산이의 학습 성향은 강이보다 더 뚜렷하게 독서 성향과 이어졌다. 수학 문제를 풀 때도 스스로 계획을 세우고 완수한 목록을 지워 나갔다. 영어도 논픽션 그림책이나 사이트 워드, 파닉스 위주의 교재에 흥미를 보이기 시작했다. 초등학교에 들어간 뒤엔 고사성어 책에 흥미를 보이기에 한자 쓰기를 시작했다. 이야기에만 관심을 보이고 글자 쓰기에는 관심을 두지 않던 강이와는 완전히 다른 모습이었다.

아이의 독서 성향을 존중하고 그에 맞춘 학습 방식을 적용했을 때 아이는 놀랍도록 잘 따라왔다. 그 경험은 나에게 깊은 확신을 주었다. 책을 좋아하게 만드는 것보다 어떤 책을 좋아하는지를 파악하는 일이 아이의 배움과 연결된다는 점에서 더 중요하다는 것을 말이다.

두 아이를 키우며 나는 독서 성향이 단순한 취향이

아니라 아이의 성향을 이해하는 통로이며 학습 성향으로도 이어진다는 것을 배웠다.

책을 많이 읽는 것은 좋은 일이다. 책을 즐겨 읽는 것은 더 좋은 일이다. 하지만 그보다 더 귀한 일은 책을 읽는 내 아이의 내면을 천천히 들여다보는 일이다.

내 아이는 어떤 책에 오래 머무르는가? 무엇에 눈을 반짝이는가? 그 호기심의 지점을 따라가다 보면 아이만의 배움의 문이 열린다. 부모가 해 줄 수 있는 최소한의 독서 교육, 어쩌면 그것이면 충분하다.

학원,
불안과 욕심 사이에서

 공교육에 종사하고 있지만, 나도 어릴 적에는 사교육의 혜택을 받았다. 삼 남매 교육을 책임지던 부모님의 수고로움이나 가정 형편은 아랑곳하지 않고, 내가 배우고 싶은 것이 있으면 학원에 보내 달라고 졸랐다. 피아노 학원에 다니면서도 바이올린을 배우는 친구가 부러웠고, 서예 학원에 다니면서도 미술 학원에 보내 달라고 떼를 썼다. 그 많은 학원 중에서도 초등학교 6학년 때 다닌 영어 학원이 가장 기억에 남는다. 영어 단어조차 제대로 읽지 못하면서 암호처럼 느껴지는 문법을 배우는 시간이 그렇게 즐거울 수가 없었다. 새로운 것을 배운다는 사실만으로도 설렜다.

당시만 해도 지금처럼 맹목적으로 학원에 다니는 경우는 드물었다. 공교육과 사교육을 대립 관계로 여기지도 않았고, 그저 학원은 가정이나 학교에서 배우기 어려운 것을 보충하는 공간으로 존재했다. 학원은 아이들의 배움을 확장하거나 강화하는 데 도움을 주는 고마운 존재였다.

지금도 자신이 부족한 부분을 보완하거나 배우고 싶은 것이 있어 학원을 찾는 일은 충분히 납득이 된다. 배움에 대한 순수한 열정이나 필요성이 없는 상태에서 억지로 학원에 다니는 것은 문제이다. 언제부턴가 부모의 강요에 의한 맹목적인 배움이 아이들에게 상처를 주고 있다. 한창 자신의 흥미를 탐색하며 호기심을 가질 시기에 부모의 욕심이나 비교당하는 분위기 때문에 억지로 공부하는 아이들이 늘어나고 있어 안타깝다. 내적 동기가 없는 배움은 즐거움과 의미를 잃기 쉽고, 배움에 대한 무기력으로 이어질 가능성이 높다.

은영이는 바이올린을 잘 켜는 아이였다. 상냥하고 귀

여웠다. 그러나 이유 없이 친구들에게 짜증을 내거나 우는 일이 잦았다. 상담할 때마다 한숨을 쉬던 은영이는 어느 날 학원 때문에 스트레스가 심하다고 고백했다. 원형탈모증도 생겼다는 말에 가슴이 철렁 내려앉았다. 엄마와 이야기를 나눠 학원을 줄이는 것이 어떻겠냐고 하니 간절한 눈빛으로 말했다.

"엄마하고는 절대 말이 안 통해요. 선생님이 대신 좀 말씀해 주시면 안 돼요?"

안타까운 마음에 은영이 어머님께 상담 요청을 드렸다. 경력이 많지 않을 때라 학부모와 상담하는 일이 쉽지 않았지만, 어떤 부모도 아이의 건강보다 학원이 중요하다고 여기진 않을 거라 믿었기에 용기를 냈다. 어머님은 은영이의 탈모증을 이미 알고 있었고, 학원도 줄였다고 했다. 아이의 건강을 위해 하나 정도는 더 줄여보는 것이 어떻겠냐고, 바이올린을 배우고 있으니 피아노 학원을 그만두는 선 조심스레 제안했다. 그러나 어머님은 펄쩍 뛰며 반대하셨다. 피아노 학원 원장님이 바이올린 실력을 더 키우려면 피아노가 필수라고 했다는 것이다. 지금 바이올린 실력이 좋은 만큼 참고 다니는 게 맞다고, 명문대 아이들은 모두 참고 이겨 낸 거라고 말씀하셨다. 더는 할 말이 없었다.

다음 날, 은영이를 볼 면목이 없었다. 은영이에게 해 줄 수 있는 말을 찾지 못했다. 은영이도 내게 학원 때문에 힘들다는 말을 더 이상 꺼내지 않았다.

아이들은 무엇을 배워야 할지 잘 모른다. 그렇기에 부모의 안내로 어릴 때 이것저것 경험해 보면 진로를 찾는 데 도움이 될 수 있다. 이런 점에서 여러 학원을 다니는 것도 이해는 된다. 하지만 무엇을 배우든 흥미나 관심, 혹은 아이만의 긍정적인 동기가 전제되어야 한다.

부모는 아이에게 긍정적인 동기가 있는지 세심히 살펴야 한다. 배우려는 욕구가 없는 상태에서 학원을 보내는 것은 부모의 욕심을 채우는 것에 지나지 않는다. 부모라는 명분, 어른이라는 명분 아래 내 아이를 힘들게 하고 있지는 않은지, 오히려 아이 스스로 배우고자 하는 열정을 앗아 가고 있지는 않은지 돌아볼 필요가 있다.

예전에 함께 근무한 선생님께서 이런 말씀을 하셨다.
"내가 애들 어릴 때 학원 보내면서 가장 후회되는 게

뭔지 알아요? 애가 태권도 학원을 그만두고 싶어 할 때 '지금 그만두면 이제 태권도 더 이상 못 배운다. 태권도 학원 안 보내 줄 거야.' 하고 못 박았던 거예요. 애가 크고 나서 하는 말이, 학원을 그만둔 후에 다시 하고 싶은 마음이 들었는데 엄마가 한 말 때문에 말을 못 했다고 하더라고요. 아이의 마음은 무시하고, 끈기만 앞세웠던 내 불안과 욕심이 아이의 열정을 끊어 버린 셈이 됐죠. 그때 아이의 마음을 이해해 주고 좀 더 유연하게 대했으면 좋았을 텐데, 하는 아쉬움이 남아요."

그때는 잘 이해되지 않았던 그 말이 지금은 아이를 키우며 꼭 새겨야 할 교훈이라는 생각이 든다.

모든 부모는 자녀 교육 문제에서 어떤 기준으로 결정해야 할지 자주 흔들린다. 지금 꼭 해야 할 것 같고, 지금 멈추면 큰일이 날 것 같아 주변의 선택에 기대기도 한다. 하지만 부모가 흔들리지 않는 기준을 세우면 아이 역시 공부라는 마라톤에서 휘청거리지 않을 힘을 얻는다. 그 기준은 남의 아이가 아닌 내 아이의 성장에 있어야 한다. 학원을 보내기 전에 이 선택이 아이에게 정말 필요한 것인지, 혹은 나의 조급함과 불안감 때문은 아닌지 돌아보기를 권한다. 그리고 아이가 긍정적인 동기로 배우고 있는지 관찰해 보기를 바란다. 내 아이는 지금 학원에서 즐겁게 배우고 있는가, 아니면 학원에서의 시간을 견디고 있는가. 불안을 걷고 아이의 마음을 관찰하는 부모가 아이를 진짜 공부의 길로 이끈다.

아이가
꿈을 말할 때

 강이는 어릴 때부터 설명하는 것을 좋아했다. 자신이 좋아하는 놀이나 이야기를 다른 사람에게 설명할 때는 그 어느 때보다 눈이 반짝였다. 운동화 끈을 혼자 묶을 수 있게 된 후로 학교에 다녀오면 친구들의 운동화 끈을 자신이 묶어 줬다는 영웅담을 늘어놓았다. 친절하게 설명하면서 친구의 운동화 끈을 묶어 주는 아이의 모습은 직접 보지 않아도 선명했다.

 아직도 기억이 난다. 강이가 스케이트보드를 탄 지 사흘째 되던 날, 보드를 끌고 놀이터로 나갔다. 그곳엔 이미 능숙하게 보드를 타는 아이들이 여럿 있었고, 저쪽

편엔 같은 반 친구가 있었다. 강이는 그 친구가 보드에 흥미를 보이자 곧장 타는 법을 설명하기 시작했다.

'고작 이틀 타 본 아이가 저렇게 자신감 넘치게 설명할 수 있다고? 그것도 어설픈 시범을 보이면서? 잘 타는 애들이 눈앞에 있는데도?'

내 성격으로는 좀처럼 이해하기 어려운 모습이었다. 하지만 그 모든 행동이 설명하기 좋아하는 강이의 기질에서 비롯되었음을 알았다.

강이의 이런 성향은 시간이 흐르며 점차 학습으로도 옮겨 갔다. 꼭 공부를 잘 하지 않더라도 나보다 한 발짝 앞서 깨친 친구가 해 주는 설명이 더 쉽게 와닿는 경우가 있다. 100점을 맞은 아이보다 60점을 맞은 아이가 50점 맞은 아이를 더 잘 이해시킬 수 있다. 눈높이가 가까워 친구의 오류를 더 예민하게 감지할 수 있기 때문이다. 만약 설명을 좋아하고 설명하는 데 소질까지 있다면 금상첨화일 것이다. 강이가 그랬다.

강이는 고학년이 되자 설명하는 사람, 즉 선생님의 수업에 나름의 기준을 세우기 시작했다.

"우리 담임 선생님은 자료도 재미있고, 설명도 정말

쉽게 해요."

그러던 아이는 중학생이 되면서부터 각 교과 선생님의 설명 스타일을 분석하듯 이야기했다. 마치 수업 내용을 공부하기보다 설명법을 공부하는 것 같았다.

그러던 어느 날, 강이가 불쑥 말했다.

"엄마, 저는 가르치는 게 재밌어요. 커서 선생님이 될래요."

선생님인 엄마로서 해 줄 수 있는 대답을 고민했다.

'선생님이 되려면 성적이 더 좋아야 해.'

'선생님이 얼마나 힘든 줄 알아?'

현실적인 엄마의 조언을 할까, 아니면 선생님의 마음으로 솔직하게 말할까. 어느 쪽을 택해도 아이를 위한 답을 내기는 어려웠다. 해가 갈수록 복잡해지는 학교 현실에서 감당하기 어려운 순간이 많지만, 아이들이 성장하는 모습을 지켜보며 얻는 보람이 있기에 내 직업을 굳이 낮추어 말하고 싶지도 않았다.

다만 한 가지 바람이 있었다. 오직 가르치는 것이 재미있다는 이유로 이 길을 너무 일찍 선택하지 않았으면 좋겠다는 것. 아직은 어리고 자신도 발견하지 못한 잠재적 가능성이 무궁무진하니까.

학교에서 아이들을 가르치다 보면 진로에 대한 오해와 조급함을 자주 마주친다. 아이들은 자신이 좋아하거나 잘하는 것을 곧장 직업과 연결하려 한다. 축구를 잘하면 축구선수가 되겠다고 하고, 노래를 좋아하면 가수가 되겠다고 한다. 과학을 좋아하니 과학자가 되고, 미술을 좋아하니 디자이너가 되겠다는 식이다. 이처럼 또렷한 흥미와 재능이 있을 때 그걸 직업으로 삼으려는 건 너무나 자연스럽고 당연한 흐름처럼 보인다. 하지만 그럴 때마다 교실 한편에서 울상이 되는 아이도 있다.

"선생님, 저는 잘하는 것이 없어요. 그래서 어떤 직업을 가질지 모르겠어요. 뭐가 될지 모르겠어요."

예체능에 특별한 재능이 없고, 딱히 좋아하거나 잘하는 과목이 없는 아이들은 자신에게 어떤 재능도 없다고 여긴다.

여기에는 우리가 흔히 범하는 진로 탐색의 오류가 숨어 있다. 아이의 흥미와 눈에 보이는 재능만으로 우리가 알고 있는 제한된 직업군에 너무 일찍 연결 짓는 것.

사실 성인이 되어서도 '이게 내가 정말 좋아하는 일인가, 잘하는 일인가.'를 고민하며 수차례 흔들린다. 나 역시 그랬다. 하물며 초등학생 시절, 눈에 드러나는 몇 가지 재능만으로 직업을 정하고 그것을 향해 공부한다는 것은 무리가 있다.

초등 시기에는 직업을 정하기보다 가능성을 넓히는 것이 훨씬 중요하다. 물리적인 배움의 환경뿐 아니라 생각의 범위도 함께여야 한다.

나는 진지하게 자신의 꿈을 이야기하는 아이 앞에서 고민을 거듭하여 얻은 답을 털어놓았다.

"너는 가르치는 것을 좋아하니까 선생님이 되어도 좋을 것 같아. 하지만 엄마는 네가 가진 장점들을 더 많이, 더 다양하게 끌어내면 좋겠어. 이 세상엔 가르치는 일을 하는 사람들이 정말 많단다. 학교뿐 아니라 회사에도 있고, 가게에도 있고, 방송국에도 있고, 경기장에도 있어. 어떤 직업을 갖더라도 누군가를 가르치는 경우가 많아. 그러니 엄마는 네가 단순히 가르치는 게 좋아서 학교 선생님이 되겠다고 결론 내리진 않았으면 좋겠어.

가령, 네가 좋아하는 음악과 결합하면 음악 분야에서 가르치는 일을 할 수 있을 거야. 네가 잘하는 글쓰기와 결합하면 음악 방송 작가도 될 수도 있겠지. 아니면 작사가가 되거나. 사람들과 어울리기 좋아하는 네 성향까지 고려한다면 더 다양한 가능성이 열려 있단다. 엄마는 네 가능성을 훨씬 더 넓고 크게 보고 있어. 아직은 어리니까, 천천히 네가 좋아하고 잘하는 것들을 하나씩 찾아가면 돼. 지금 결정하지 않아도 괜찮아."

이후에도 강이는 선생님이라는 꿈을 여러 번 이야기했다. 다만 조금씩 달라졌다. 한번은 어린아이들을 가르치는 게 좋으니 유치원 선생님이 되고 싶다고 했다. 자신을 탐색하는 아이의 모습이 기특하게 느껴졌다.

부모는 아이의 미래를 단정할 수 없다. 아이는 부모와는 또 다른 하나의 인격체이고, 부모가 미처 알지 못하는 무수한 가능성의 씨앗을 품고 있는 존재이기 때문이다.

부모는 다만 그 씨앗이 무사히 싹틀 수 있도록 돕는 사람이다. 좋은 흙이 되어 주고 따뜻한 햇살을 비추어 주고 충분한 물을 채워 주는 사람. 혹은 줄기가 꺾이려 할 때 지지대를 세워 주고 햇살을 골고루 받을 수 있도록 화분의 방향을 살짝 바꿔 주는 사람.

나는 내 아이에게 맞지 않는 옷을 미리 골라 두고 싶지 않다. 자르고 줄이며 모양을 바꿔 입히기보다 아이가 자라며 자신에게 어울리는 색감과 소재를 발견해 갈 수 있도록 기다리고 싶다. 그때그때 필요한 조각을 덧대어 내 아이만의 맞춤옷을 함께 지어 가고 싶다. 아이의 삶이 '내가 생각한 대로'가 아니라 '아이답게' 펼쳐지기를 바라는 마음으로, 가능성을 열어 주는 부모가 되고 싶다.

과목의 흥미가
모든 것을 말해 주지 않는다

시끌벅적한 교실에서 아이들을 관찰하는 것은 흥미롭다. 각자의 개성이 매력적으로 보이기 때문이기도 하지만 '저 아이는 커서 뭐가 될까?' 하는 호기심에서 시작하는 상상이 즐겁기 때문이기도 하다.

일찌감치 선생님이 되기로 진로를 정해서 직업 탐색의 경험이 부족했던 나 자신에게 아쉬움이 남을 때도 있다. 그래서 아이들의 재능을 더 눈여겨 보고 안내자가 되어 주어야겠다고 다짐하기도 했다.

사실 교실이라는 좁은 공간에서만 보는 아이들의 모습으로 그들의 진로를 예견하거나 탐색하는 것이 큰 의미가 있을까, 하고 의구심을 가질 때도 있었다. 하지만 경력이 쌓일수록 그 의구심이 무의미함을 깨달았다. 실력이나 타인의 평가에 크게 연연하지 않고, 오롯이 자신의 감정에 충실하며 좋아하는 것에 몰두하는 힘은 초등 시기에 가장 크게 발현된다. 이때가 오직 흥미만을 좇아 무언가에 몰두할 수 있는 유일한 시기이다. 그렇기에 유한한 시간과 공간이지만 내가 볼 수 있는 최선의 것을 보고자 애쓴다. 그리고 늘 아이들의 진로에 대해 두 가지 질문을 던진다.

'어떤 과목에 흥미를 보이는가?'

'무엇을 배울 때 흥미를 보이는가?'

두 질문은 비슷해 보이면서도 매우 다른 답을 이끌어낸다. 내 아이를 예로 들면 첫 번째 질문에 대한 답이 간단히 나온다. '내 아이는 과학을 좋아한다.' 이렇게 답하면 아이의 진로를 탐색하기 위한 다음 단계로 넘어가기가 꽤 힘들다. '과학을 좋아하는데 앞으로 뭐가 되어야 할까? 어떤 직업을 가져야 할까?'라는 질문 앞에서 망설여진다.

두 번째 질문은 아이를 관찰하는 폭이 훨씬 넓어진

다. 그래서 나는 교실에서도 아이들을 관찰하며 두 번째 질문을 많이 던지는 편이다. 특히 아이들이 고학년이 되어 재능이 서서히 두드러지기 시작할 때 더욱 그러하다.

5학년 재영이는 눈에 띄는 학업 성취를 보여 주는 아이는 아니었다. 하지만 수업 중에 툭툭 던지는 대답이나 알아보기 힘든 글씨로 채운 짧은 일기에 나타나는 위트 있는 표현은 나를 자주 웃게 했다. 재영이의 어스름한 재능이 또렷하게 보인 첫 번째 순간은 국어 시간에 '경험을 살려 동시 쓰기'를 할 때였다. 책을 즐겨 읽는 편도, 생각이 깊고 진중한 편도, 그렇다고 글쓰기를 좋아하는 편도 아니었던 재영이가 써 낸 동시는 무척 훌륭했다.

식탁에 반찬으로 올라온 메추리알을 집어 먹기 위한 애씀을 메추리알과 젓가락이 벌이는 한판 승부로 나타낸 동시는 발상이 참신하면서도 키득키득 웃음이 나왔다. 동시를 읽다 보니 평소 재영이의 모습이 더욱 선명하게 떠오르면서 '아, 이게 재영이의 숨은 재능이구나!' 하고 무릎을 쳤다. 이때 나는 재영이를 국어 잘하는 아이라고 단정하지 않았다. 재영이의 재능은 시를 잘 짓는 것이라는 범위로 한정할 수 없었다. 오히려 자기 생각을 함축하고 유머 있게 전달하는 능력에 있었다.

재영이의 재능을 더욱 선명하게 본 두 번째 순간은 학급 발표회에서였다. 재영이는 평소에 잘 나서지 않는 아이인데 학급 발표회를 준비하는 과정에서 선뜻 사회자 역할을 맡겠다고 했다. 재영이의 유머러스한 사회 덕분에 우리 반 발표회는 더욱 활기차고 웃음 가득한 행사가 되었다. 명 MC 유재석 씨가 온 줄 알았다는 칭찬이 절로 튀어나왔다.

재영이가 성장한 모습을 그려 보았다. 어쩌면 관찰력과 유머를 겸비한 재영이는 다른 사람의 마음을 관찰하며 재치 있게 대화를 이어 갈 줄 아는 훌륭한 진행자가 될지 모른다며 미소 지었다.

5학년 주완이도 떠오른다. 주완이는 항상 미소를 띠며 공손하게 말했고, 수학과 과학 과목에 탁월한 재능을 보였다. 점심시간에 밖에 나가 친구들과 어울려 놀기보다 교실에서 조용히 혼자 작업하는 걸 즐겼다. 주완이는 '노선도 그리기'를 좋아했다. 지하철이 없는 소도시에 사는 아이가 서울 지하철 노선도 그리기에 빠져 있다는 사실은 의아했다.

'주완이가 저 활동에서 흥미를 느끼는 이유는 뭘까?'

곰곰이 생각하다가 나만의 결론을 내렸다.

'역시 수학을 잘하니 노선도에 나타나는 규칙성을 흥미로워하는구나!'

그러던 어느 날, 새로운 사실을 알게 되었다.

"선생님, 저 서울 지하철 노선도 다 완성했어요."

"우아, 드디어 다 그렸구나! 너 대단하다!"

"저 이제 버스 노선도 완성할 거예요."

"버스 노선도도 그려?"

"네, 제가 버스 여행하는 걸 좋아하거든요. 버스 타고 다니면 재미있어요. 이제 우리 지역 버스 노선도 거의 다 외웠어요."

주완이는 버스 안에서 사람들을 보는 것, 버스가 서 있을 때 창밖의 새로운 모습을 보는 것이 재미있다고 했다. 주완이는 규칙성을 발견하는 것보다 다양한 사람들의 불규칙성을 발견하는 것에 흥미를 느끼는 것 같았다. 과학영재원에 다니는 주완이의 호기심은 어쩌면 자연현상에서 사람에 대한 것으로 나아가지 않을까 하는 생각도 강하게 들었다. 온화한 미소와 예의 바른 태도로 주변 사람을 따뜻하게 도와주는 주완이의 미래를 떠올리니 절로 흐뭇해졌다.

그동안 나와 만난 숱한 아이들이 지금 사회 곳곳에서 저마다 재능을 발휘하며 살아가고 있을 것이다. 내가 기대했던 모습이 아닐 수도 있고, 어쩌면 기대 이상의 모습으로 살아가고 있을지도 모른다. 그 모습을 확인할 수 없으니 아이들의 미래에 대한 나만의 상상을 검증할 방법은 없다.

분명한 사실은 누구에게나 재능은 있으며, 그 재능은 겹겹의 베일에 가려진 어느 부분일 가능성이 높다는 것이다. 다양한 가능성이 열려 있는 초등 시절에 재능이란 걸 집게로 집어내듯 발견해 낼 수는 없겠지만, 겹겹의 베일에 가려진 핵심을 보려는 돋보기는 지닐 필요가 있다. 단순히 '어떤 과목에 흥미를 보이지? 어떤 과목에 소질이 있지?'가 아니라 '무엇에 몰두하는지'를 촘촘히 발견하기 위한 돋보기 말이다.

내가 존경하는 교육자이자 작가인 파커 J. 파머Parker J. Palmer는 말했다.

"초등학교 시절 나는 비행(飛行)의 신비에 푹 빠져 있었다. 그 시기의 아이들이 대개 그렇듯 나는 방과 후나 주말 대부분의 시간을 모형 비행기를 디자인하고 조립하고 날려 보고, 그리고 대개는 충돌시켜 박살내는 데 보냈다. 하지만 다른 아이들과는 달리 나는 또 오랜 시간을 들여 비행술에 대한 8페이지짜리, 12페이지짜리 책을 만들었다. (중략) 내가 이런 문서 작업에 열을 올렸던 건 비행에 매혹되어 있었기 때문에, 비행기 조종사 아니면 적어도 항공 기술자가 되고 싶어서 그런 거라고 생각했었다. 하지만 얼마 전, 낡은 종이 상자에서 이러한 문학적 가공물을 찾아낸 나는 문득 진실을 깨달았다…. 나는 조종사나 항공 기술자, 아니 항공과 관련된 그 어떤 일을 하고 싶은 게 아니었다. 내가 하고 싶은 일은 작가, 책을 만드는 일이었다. 초등학교 3학년 때부터 바로 그 일을 하고 있었던 것이다!"

- 파커 J. 파머, 『삶이 내게 말을 걸어올 때』 중에서

아이들은 자신의 미래를 떠올리며 흥미를 쫓지 않는다. 그저 그 순간이 좋아서 몰두할 뿐이다. 콕 집어 말하긴 어려워도 '내가 이걸 할 때 더 시간이 잘 가. 내가 이걸 할 때 더 즐거운 것 같아.' 하는 것이 있기 마련이다. 어른들이 그 감정을 단순히 교과목으로 대치하지 않았으면 좋겠다. 곧장 직업과 연관 짓지 않았으면 좋겠다. 아이의 흥미를 직업으로 단정하는 순간, 넓게 펼쳐질 아이의 잠재적 가능성은 닫힌다. 부모는 겹겹의 베일에 가려진 아이의 가능성을 발견할 수 있는 돋보기가 되어주어야 할 것이다.

담임 선생님이 건네 주는
소중한 단서

~~~~~

 학기를 마친 아이가 생활통지표를 건네면 나는 늘 가장 먼저 '행동 특성 및 종합 의견'부터 본다. 몇 줄 안 되는 문장이지만 그 안에 아이의 학교생활이 오롯이 담겨 있기 때문이다. 올해는 담임 선생님께서 어떤 말씀을 적어주셨을까, 설레고 떨리는 마음으로 통지표를 열어 볼 때, 나는 온전히 학부모의 마음이 된다.

 매해 새 학기를 맞을 때마다 교사보다 학부모의 마음이 앞선다. 좋은 친구들이 많은 반이었으면, 담임 선생님도 좋은 분이었으면 하는 바람은 여느 학부모와 다르지 않다. 모든 담임 선생님이 각자의 자리에서 최선을 다한다는 사실을 잘 알지만, 부모의 마음이 앞서는 것은 어쩔 수 없다.

학년을 마무리하며 통지표를 읽는 순간, 나는 다시 교사의 입장이 된다. 선생님이 1년이라는 긴 시간 동안 경험한 아이 모습을 몇 문장으로 서술하기 위해 얼마나 쓰고 지우기를 반복했을지 잘 알기 때문이다. 한 인간의 지나온 시간뿐만 아니라 앞으로의 성장 가능성까지 담아 내야 하는 말이니 얼마나 신중했을까. 그래서 나는 내 아이에 관한 훌륭한 단서가 담긴 이 귀중한 문서를 해마다 고이 모아 둔다.

강이가 초등학교를 졸업한 후, 6년간 받은 통지표를 차례대로 꺼내 읽어 본 적이 있다. 놀랍게도 해마다 반복된 말이 있었다. 바로 '호기심'과 '도와준다'였다. 이 두 가지는 집에서도 드러나는 성향이기에 고개가 끄덕여졌다. 새로움에 주저하지 않고, 다른 사람의 의문이나 어려움을 해결해 주는 걸 좋아하는 강이의 모습이 교실에서의 장면들과 자연스레 겹쳐졌다.

내가 더 주목한 점은 아이의 변화였다. 저학년 때 몇 번이나 등장한 '산만함'이라는 말은 고학년이 되어 사라졌고, 그 자리는 '발표나 모둠 학습에 적극적으로 참여함'이라는 문장이 대신했다. 호기심이 넘쳐 집중하지 못하던 아이가 발표와 협동에 주도적으로 나서는 아이로 자라난 것이다.

통지표를 다시 읽으며 1학년 첫 학부모 공개수업이 떠올랐다. 강이는 수업이 시작된 줄도 모르고 친구들과 이야기를 나누었다. 교과서를 가장 늦게 펴는 모습을 보고 나는 속으로 아찔했다.

'공개수업에 저 정도면 평소에는 어떨까…?'

물론 집에서도 집중력이 부족하다고 느꼈지만, 학교에서도 그럴 줄은 몰랐다. 꽤 충격적이었다.

하지만 아이는 시간이 흐르면서 성장했다. 호기심은 발표에 적극적으로 참여하는 것으로 이어졌고, 도와주려는 마음은 모둠 학습을 즐기며 참여하는 모습으로 발전했다.

초등 시절 아이의 학습에 대한 관찰은 학업 성취도나 평가의 결과보다 변화와 성장 과정에 초점을 맞춰야 한다. '내 아이가 무엇을 잘한다'보다 '내 아이의 특성이 어떻게 바뀌며 결국 어떤 것을 잘할 수 있게 되는지'가 중요하다. 바로 그 변화 속에 아이의 진짜 배움이 숨어 있기 때문이다. 그래서 부모는 이 배움의 흔적을 수집해야 한다. 눈에 잘 띄지 않지만 분명 존재하는 배움의 과정을 말이다.

앞서 위트 있는 동시와 일기로 나를 놀라게 하고, 학급 발표회에서 훌륭한 사회자 역할을 맡았던 재영이의 어머니는 상담 중에 아이의 학교생활을 듣고 놀라는 기색이었다. 평소 가정에서는 결코 볼 수 없는 모습이었기 때문이다.

내 아이의 학교생활은 내가 알거나 예상하는 것보다 훨씬 다채롭고 풍성하다. 아이는 집에서 보이지 않던 모습을 학교라는 작은 사회에서 자연스레 드러낸다. 그 모습을 가장 가까이에서 지켜보는 사람은 다름 아닌 담임 선생님이다. 그래서 나는 해마다 담임 선생님이 써 주신 한 문장, 상담 시간에 건넨 한마디를 소중히 여긴다.

만약 담임 선생님에게 전화가 온다면 진중하게 받아들일 필요가 있다. 선생님은 수화기를 들기까지 수없이 망설였을 것이다. 하지만 통화하기로 결심했을 때는 단

하나의 이유, '아이를 위해서'라는 진심이 있기 때문이다. 어떤 교사도, 단지 자신의 기분이나 편의를 위해 전화하지 않는다. 나 역시 그렇다. 물론 내 아이에 대한 불편한 이야기를 기분 좋게 받아들일 수 있는 부모는 드물다. 나 또한 그렇다.

그럼에도 불편함을 마주해야 하는 이유는 그 중심에 '아이의 성장'이라는 목적이 있기 때문이다. 부모는 가정 안에서 아이의 생활 모습을, 교사는 학교에서만 볼 수 있는 아이의 모습을 서로 공유해야 한다. 그 접점에서 비로소 아이는 온전하게 성장할 수 있다.

요즘 들어 부모와 교사가 서로에 대한 신뢰를 잃어 가고 있는 것 같아 안타깝다. 한 걸음 물러나 교육의 본질을 되새겨 볼 때, 결국 우리가 바라는 건 같다. 아이가 바르게 성장하는 것. 이 변치 않는 바람이 서로를 신뢰하게 만들고, 각자의 자리에서 애쓰는 교사와 학부모를 이어 주는 끈이 되기를, 오늘도 간절히 바란다.

기여하는 마음이
가장 큰 불씨가 된다

'공부를 향한 내적 동기는 어디서 시작될까?'

이 거대한 질문을 안고 교단에 선 지 꽤 오랜 시간이 흘렀다. 긴 시간 동안 분명하게 알게 된 한 가지가 있다면, 감정을 섬세히 어루만질수록 아이들의 삶에 공부가 자연스럽게 스며든다는 점이다.

작은 성공의 경험들이 쌓여 으쓱함을 만들고 으쓱함이 모여 자존감이라는 단단한 토대를 쌓아 올린다. 감정이 자라는 과정에서 학습 태도와 성취도 함께 자란다. 아무리 공부의 중요성을 설명하고 현실적인 필요성을 강조한다 해도 아이들의 마음에 공부의 불씨를 피우기란 쉽지 않다는 걸, 나는 잘 알고 있다. 그러나 그런 깨달음 후에도 의문이 완전히 사라진 건 아니었다.

'불씨가 전혀 보이지 않는 아이는 어떡하지?'

불씨를 마음속 깊이 숨겨 둔 채 알 수 없는 무기력에 빠져 있는 아이들을 만나면 나 역시 무기력해지곤 했다. 담임에게 1년이란 시간은 아이들 마음의 불씨를 찾기에도, 지피기에도 너무 짧았다.

예전에 영어 교과 전담 교사로 근무하면서 의미 있는 경험을 했다. 학교의 프로젝트를 통해 영어 정규 수업 외 동아리 활동을 꾸릴 기회가 생겼고, 거기에서 영우라는 아이를 더 깊이 알게 되었다.

영우는 조금 특별한 아이였다. 말수가 적었고, 수업에도 흥미를 보이지 않았다. 방과 후 동아리에서 따로 만날 기회가 생겨 나는 영우를 위한 활동을 오래 고민했다.

'영우가 잘하는 건 뭘까?'

질문 끝에 하나의 생각이 번뜩 떠올랐다.

'우리말!'

영우가 배우지 않아도 이미 가진 능력. 나는 영우를

'꼬마 한국어 선생님'으로 만들어 주기로 했다. 원어민 영어 선생님에게 한국어를 가르치는 수업이었다. 배우는 자리가 아닌 가르치는 자리로 아이를 초대한 것이다.

원어민 선생님도 이 계획을 흔쾌히 받아들였고, 수업은 생각보다 순탄하게 흘러갔다. 영우는 원어민 선생님에게 동화책을 읽어 주고, 악기를 연주하며 한국 동요를 들려주었다. 함께 단어 보물찾기를 하고, 떡볶이를 만들기 위해 장을 보고, 요리를 하며 마음을 열었다.

수업이 거듭될수록 영우의 목소리를 자주 들을 수 있었다. 영우는 원어민 선생님에게 한국어를 알려 주기 위해 자신이 아는 것을 설명했고, 답답할 때는 더 큰 소리로 반복해 말하기도 했다.

더 놀라운 점은 정규 영어 수업에서 일어났다. 영우는 학습 태도가 눈에 띄게 좋아졌다. 공책을 펼치기 시작했고, 알파벳을 어설프게나마 써 내려갔다. 발표 순서가 돌아오면 주저 없이 나와 원어민 선생님과 짧은 대화도 나눴다. 친구들조차 놀랄 만큼의 변화였다.

그다음 해에는 영우와 함께 '안전 지킴이' 활동을 했다. 학교 곳곳의 안전하지 않은 곳을 점검하고 개선점을 찾는 활동이었다. 형광색 조끼를 입고 점검 기록판을 들고 운동장을 나서는 영우는 이전보다 훨씬 의젓하고 진중해 보였다. 평소 연필조차 쥐기 어려워하던 아이가 스스로 기록판에 점검 결과를 적어 내려갔다. 더구나 남들 앞에서 거의 말을 하지 않았는데, 안전 홍보 영상을 만들고 전교 다모임에서 제안을 하기도 했다.

그때 나는 확신했다. 영우의 마음속에서 자존감의 불씨가 되살아나고 있다는 것을. 무언가를 해낼 수 있다는 자기효능감, 누군가에게 도움이 되는 사람이라는 소속감이 영우의 내적 동기를 불러일으켰다.

나는 교실에서 아이들에게 '기여'라는 단어를 자주 말한다. 우리 반이 더 나은 공동체가 되도록 자신이 기여할 수 있는 일이 무엇일지 스스로 고민하고 실천해 보게 한다. 아이들은 처음에 어리둥절해하지만 곧 알아차린다. 누군가에게 도움이 되는 경험이 자신을 더 가치 있게 만든다는 것을.

돌이켜보면 영우의 변화 역시 누군가를 돕고자 하는 마음에서 시작된 것은 아니었을까. 내가 남을 도울 수 있는 사람이라는 생각이 영우를 신명 나게 했다고 믿는다. 그리고 그 작은 기여가 내면의 불씨가 되어 천천히, 공부로 이어졌다고 믿는다.

최재천 교수는 『최재천의 공부』에서 '아이를 가르쳐서 무언가를 하게 만드는 것이 아니라 아이 스스로 세상을 보고 습득하도록 어른이 환경을 조성해 주는 것이 바른 교육'이라고 했다. 스스로 무언가를 해 보려는 마음, 학습의 내적 동기가 되는 그 마음은 '공부를 위한 공부' 바깥에서 피어난다. 공부를 열심히 해야만 좋은 대학에 가고, 좋은 직업을 갖고, 나중에 남을 도울 수 있다는 논리는 너무 현실적이어서 눈에는 잘 보이지만, 결코 아이들의 마음 깊은 곳에서 내적 동기를 끌어내기 어렵다.

부모는 공부를 강요하기보다 아이들이 다양한 경험을 통해 스스로 동기를 발견할 수 있도록 따뜻한 시선으로 바라보고 이끌어 주어야 한다. 내가 하는 공부가 다른 사람에게 도움이 된다고 여길 때, 자존감의 불씨가 살아나고 그것이 곧 공부의 불씨가 된다. 그렇게 살아난 불씨는 잘 꺼지지 않는다.

 이 모든 생각이 내 아이를 앞에 두고 말할 때는 가장 실천하기 어렵다는 걸 알지만, 가장 중요한 일임을 알기에 나부터 흔들리지 말자고 오늘도 다짐한다.

관찰 돋보기

 학습 관찰을 위한 실제적인 팁

Q. 아이가 책을 좋아하지 않아요. 어떻게 하죠?

① 조급한 마음을 내려놓는 것이 첫걸음입니다.

책을 사 주기만 하고 읽어 주지 않거나, 독서의 중요성만 강조하며 잔소리를 하면 부모의 조급함이 드러납니다. 아이에게 부담으로 다가갈 수 있습니다.

② 아이의 흥미를 끄는 책을 발견하는 것이 중요합니다.

전집을 성급히 구입하기보다 도서관에서 다양한 그림책을 빌려 보며 아이가 좋아하는 주제나 그림 스타일을 탐색해 보세요.

③ 도서관 나들이를 정기적으로 합니다.

아이가 가기 싫어하면 짧은 시간 머물고, 책도 한두 권만 빌려 오는 경험부터 시작해 보세요. 도서관에 가는 것이 즐거운 경험으로 기억될 수 있도록 소소한 이벤트를 추가하세요.

예 도서관 가는 날엔 아이가 좋아하는 간식 먹기, '책 찾기 미션' 성공 시 간단한 선물 주기 등

④ 잠자리 독서는 즐거운 대화의 시간이 되어야 합니다.

부모가 읽어 주거나 아이와 함께 읽으며 대화합니다. 책의 내용과 상관없는 질문이나 이야기를 던져도 즐겁게 받아 주세요. 책을 읽으며 대화하는 즐거움을 경험하게 해 주세요. '책 읽는 시간은 즐겁다'로 받아들이는 게 우선입니다.

⑤ 아이만의 독서 공간을 마련해 주세요.

나만의 작은 독서 공간이 생기면 책과의 거리가 훨씬 가까워집니다. 아이가 좋아하는 책이 손에 잘 닿도록 놓아 주세요.

⑥ 아이의 관심사와 독서를 연결해 보세요.

평소 아이가 좋아하는 주제나 인물, 놀이 등을 잘 관찰했다가 관련된 책으로 자연스럽게 독서의 폭을 넓혀 보세요.

Q. 학교에서 하는 특별 활동, 참여하는 게 좋을까요?

물론입니다! 초등학교에도 학교마다 특색 있는 교육 활동이 마련되어 있습니다. 예를 들면 오케스트라, 합창단, 스포츠 클럽, 독서 동아리, 또래 상담부, 방송부, 과학 활동 등입니다. 이러한 특별 활동은 아이가 자신을 표현하고 협업을 배우며, 숨겨진 적성과 재능을 발견하는 데 중요한 밑거름이 됩니다. 한두 가지 활동이라도 경험하도록 격려해 주세요. 아이가 '내가 좋아하는 것'을 조금 더 일찍 찾을 수 있는 기회가 됩니다.

Q. 학습 동기를 만드는 방법이 있을까요?

① 아이의 놀이→흥미→배움으로 연결되도록 도와주세요.
아이의 놀이가 단순한 시간 때우기가 아니라 관심을 표현하는 통로임을 기억하세요.

② 배우고 싶어 할 때 바로 반응해 주세요.
"이거 궁금해!" 하는 순간이 기회입니다. 그 타이밍을 놓치지 않고 도와주는 것이 중요합니다.

③ 매일 꾸준히, 짧게라도 학습하는 습관을 만들어 주세요.
성취감은 학습 동기 부여를 위한 가장 좋은 연료입니다. 결과에 연연하기보다 지속할 수 있게 도와주세요.

④ 가족이 함께 필사하는 시간을 가져 보세요.
좋은 글귀를 쓰며 좋은 삶의 태도를 내면화할 수 있습니다.

⑤ 신체 활동과 예술 활동의 균형을 맞춰 주세요.
다양한 감수성을 기를 때 배움도 유연하게 확장됩니다.

⑥ 아이가 다양한 어른을 만나도록 도와주세요.
좋은 어른의 모습을 직접 보는 경험은 아이의 태도와 미래의

꿈에 큰 영향을 줍니다.

⑦ 부모도 목표를 세우고 성취하는 모습을 보여 주세요.
부모가 도전하고 성장하는 모습을 보는 것은 아이에게 강력한 동기 부여가 됩니다.

⑧ 무엇보다 아이를 믿고 격려해 주세요.
"넌 할 수 있어"라는 말보다 "나는 널 믿어"라는 말이 더 큰 힘이 됩니다.

마치며

관찰은 사랑의 다른 이름

 초임 교사 시절 '우리 반은 왜 잘 안 될까?'라는 고민에 사로잡혀 힘들었다. 옆 반의 비결이 궁금한 나머지 복도를 숨죽여 지나가며 조심스레 살펴보기도 했다. 옆 반이 조용하면 '선생님이 아이들을 잘 집중시키나 보다.' 싶었고, 왁자지껄 떠들썩하면 '어떤 재미있는 공부를 하기에 저렇게 웃음이 가득할까?' 싶었다.

 어떤 반이든 '옆' 반은 우리 반보다 더 잘했다. 운동장에서는 줄도 척척 맞추어 서고, 급식 시간에도 조용했다. 심지어 화장실에서 만나면 생글생글 인사도 잘했다. 질서도 잘 지키는데 예의까지 바르다니! 우리 반에서는 하루하루가 버겁기만 한데, 옆 반 선생님은 매일 반에서 일어나는 즐거운 에피소드만 나누어 주었다. 그 이야기를 들을 때마다 나만 뒤처진 기분이 들었다. 반을 뽑는 운조차도 없는 것 같았다.

그래도 포기할 수는 없었다. 옆 반을 탐색하며 선배 선생님들의 노하우를 배우고 흉내 내어 보았다. 학급 경영서를 읽고 연수도 찾아 들었다. 하지만 우리 반에서는 뜻대로 되지 않았다. 간혹 효과가 있을 때도 있었지만 다음 해에는 영락없이 실패했다. 이유가 궁금했다. 누군가 속 시원히 콕 집어 알려 줬으면 싶었다.

열정이라 믿었던 마음은 욕심이었고, 욕심은 불안으로 번졌다. 어쩌면 나는 아이들을 내 뜻대로 이끄는 '특별한 마법사'가 되고 싶었던 건지도 모른다. 특별한 비법서를 갖고 다니며 필요할 때마다 꺼내 쓰고 싶은 욕심 많은 마법사.

그런데 그 욕심과 불안은 내 아이를 키울 때도 다르지 않았다. 옆집 아이는 똑똑하고 씩씩하며 야무지게 자라는 것 같은데 우리 집 아이는 어딘가 부족하고 어설펐다. 아이를 잘 키우는 비법이 있을 거라는 생각에 아이가 잠들면 육아서를 펼쳐 들었다. 책에서 말하는 방법들을 하나씩 적용해 보았지만 내 아이에게는 잘 맞지 않았다. 답답함과 욕심을 틈타 불안이 자꾸만 찾아왔다.

10년이 쏜살같이 지나고 나서야 깨달았다. 내가 그토

록 찾던 비법은 책에도, 옆집에도, 옆 반에도 없다는 걸. 비법은 멀리 있지 않았다. 비법은 내가 늘 해 왔던 행동에 있었다. 다름 아닌 내 아이를 관찰하기. 아이를 잘 키우고 싶다는 열정 하나로 말, 행동, 표정 하나 놓치지 않으려 애썼던 내 마음과 시선에 있었다.

학교에서든 집에서든 남들처럼 특출난 재주로 특별하게 키우지는 못하더라도, 따뜻한 온기와 다정한 향기를 채울 수는 있었다. 나는 내 방식대로 아이들을 바라보기 시작했고, 내 눈빛, 말빛, 마음빛으로 아이들을 비추었다.

특별해지기 위해서는 고유해져야 한다고 믿는다. 남들보다 앞서거나 나아 보여서 특별한 사람이 되는 것이 아니라 자신만의 재능과 고유함을 드러내며 나답게 살아가는 것이 진정한 특별함이다. 그리고 부모가 나다움을 지키며 살아가려는 노력이, 아이가 자기다움을 찾을 수 있는 가장 확실한 밑거름이 된다.

이 책을 쓰기 시작할 때, 초등학교와 중학교에 적응하느라 애쓰던 두 아이는 어느덧 혼자 일기를 쓰는 의

젓한 초등학교 2학년과 사춘기에 접어든 중학교 2학년이 되었다.

'아이가 특별히 공부를 잘하는 것도 아닌데, 내가 자녀 교육서를 쓴다고?'

망설였고, 고민했다. 하지만 책을 쓰며 나는 더 자주 멈추고 아이들을 바라보았다. 뜻대로 되지 않아 속상할 때도 많았지만, 아이들이 성장하며 나도 함께 성장했다.

세상에 흔들리지 않는 단 하나의 자녀 교육법은 부모인 당신의 따뜻한 관찰 안에 있다. 아이를 잘 키우고 싶다면 오늘 한 번 더 조용히 바라보는 것으로 충분하다. 관찰은 사랑의 다른 이름이니까.

나를 더 나은 교사로, 엄마로 성장하게 해 준 나의 모든 학생들과 사랑하는 두 아이에게 고마운 마음을 전한다.

2025년,
평온한 가을의 문턱에서
박은희

참고 자료

1장
정옥분 지음, 『아동발달의 이해』, 학지사, 2023.

2장
EBS 놀이의 반란 제작팀 지음, 『놀이의 반란』, 지식너머, 2013.
서용선 지음, 『혁신교육 존 듀이에게 묻다』, 살림터, 2012.
박의수·강승규·정영수·강선보 공저, 『교육의 역사와 철학』, 동문사, 2019.
조너선 하이트 지음, 이충호 옮김, 『불안 세대』, 웅진지식하우스, 2024.

3장
최성애·조벽·존 가트맨 지음, 『내 아이를 위한 감정코칭』, 해냄, 2020.
마셜 B. 로젠버거 지음, 캐서린 한 옮김, 『비폭력 대화』, 한국NVC센터, 2024.
제인 넬슨 지음, 김선희 옮김, 『교사와 부모를 위한 긍정 훈육』, 더블북, 2022.
장석주 지음, 『저게 저절로 붉어질 리는 없다』, 난다, 2021, 111쪽.

4장
이영애 지음, 『아이의 사회성』, 지식플러스, 2018.
이시형 지음, 『아이의 자기조절력』, 지식채널, 2013.

5장
파커 J. 파머 지음, 홍윤주 옮김, 『삶이 내게 말을 걸어올 때』, 한문화, 2019.
최재천·안희경 지음, 『최재천의 공부』, 김영사, 2022.